# Armonía al alcance de la mano

Conciliar la vida personal y profesional en tiempos de pandemia

Por
Well-Being Publishing

Copyright 2025 Well-Being Publishing. Todos los derechos reservados.

Ninguna parte de este libro puede ser reproducida en ninguna forma ni por ningún medio electrónico o mecánico, incluidos los sistemas de almacenamiento y recuperación de información, sin permiso por escrito del autor. La única excepción es que un crítico pueda citar breves extractos en una reseña.

Aunque el autor y el editor han hecho todo lo posible para garantizar que la información de este libro era correcta en el momento de su publicación, el autor y el editor no asumen y por la presente declinan toda responsabilidad ante cualquier parte por cualquier pérdida, daño o trastorno causado por errores u omisiones, tanto si dichos errores u omisiones se deben a negligencia, accidente o cualquier otra causa.

Esta publicación está diseñada para proporcionar información precisa y autorizada con respecto al tema tratado. Se vende con el entendimiento de que el editor no se dedica a la prestación de servicios profesionales. En caso de necesitar asesoramiento jurídico u otro tipo de asistencia especializada, deberá recurrirse a los servicios de un profesional competente.

El hecho de que en esta obra se haga referencia a una organización o a un sitio web como cita y/o fuente potencial de información adicional no significa que el autor o el editor aprueben la información que la organización o el sitio web puedan proporcionar o las recomendaciones que puedan hacer.

Recuerde que los sitios web de Internet que aparecen en esta obra pueden haber cambiado o desaparecido entre el momento en que se escribió esta obra y el momento en que se lea.

A ti,

*¡Gracias!*

# Tabla de contenido

Introducción ................................................................... 1

Capítulo 1: Entender el equilibrio entre trabajo y vida personal .......... 5
   Definición del equilibrio entre la vida laboral y personal ................. 6
   Importancia del equilibrio entre la vida laboral y
   personal en los tiempos modernos ....................................... 8

Capítulo 2: Realidades del trabajo remoto ................................ 12
   Transición al trabajo a distancia ......................................... 12
   Superar los retos del trabajo a distancia ................................. 15

Capítulo 3: Gestionar eficazmente el estrés ............................... 19
   Identificar las fuentes de estrés ......................................... 19
   Técnicas para reducir el estrés .......................................... 22

Capítulo 4: Establecer límites en un mundo borroso ...................... 26
   Establecimiento de límites laborales y personales ....................... 27
   Comunicar los límites con eficacia ...................................... 30

Capítulo 5: Adaptarse a los nuevos entornos de trabajo ................... 34
   Embrando modelos de trabajo híbridos ................................. 34
   Navegando por los cambios en la dinámica de la oficina ................. 37

Capítulo 6: Mejorar la productividad y el bienestar ....................... 41
   Estrategias para mejorar la productividad ............................... 42
   Incorporar prácticas de bienestar ....................................... 44

Capítulo 7: Tecnología y equilibrio ....................................... 49
   Aprovechar la tecnología para lograr el equilibrio ....................... 49
   Evitar el agotamiento tecnológico ...................................... 53

Capítulo 8: Apoyo a los padres que trabajan .................................... 57
　Desafíos a los que se enfrentan los padres trabajadores ................... 58
　Sistemas de apoyo y soluciones para padres ..................................... 61

Capítulo 9: Estrategias para emprendedores ..................................... 65
　Consejos de equilibrio para emprendedores ..................................... 65
　Mantener la pasión sin agotarse ........................................................ 68

Capítulo 10: Liderazgo y enfoques de gestión .................................. 71
　Estrategias de liderazgo para el equilibrio de los equipos ............... 71
　Implantación de políticas de apoyo a los empleados ....................... 75

Capítulo 11: El papel de RR.HH. en la conciliación
de la vida laboral y personal ............................................................... 79
　Desarrollar políticas de RRHH para el equilibrio ........................... 80
　Incentivar el cambio de la cultura organizativa ............................... 83

Capítulo 12: Crecimiento personal y autocuidado ........................... 87
　Priorizar el crecimiento personal ...................................................... 87
　Prácticas de autocuidado para un equilibrio a largo plazo ............. 90

Conclusión ............................................................................................ 92

Apéndice A: Recursos y lecturas complementarias ........................... 95
　Libros .................................................................................................. 95
　Artículos ............................................................................................. 96
　Podcasts .............................................................................................. 96
　Sitios web y recursos en línea ........................................................... 96
　Aplicaciones para el bienestar ........................................................... 96

# Introducción

En el vertiginoso mundo actual, las fronteras entre nuestra vida profesional y personal son cada vez más difusas. A medida que navegamos por este paisaje, encontrar un equilibrio armonioso entre el trabajo y la vida se ha vuelto más difícil, pero más crítico, que nunca. La necesidad de una comprensión sofisticada del equilibrio entre el trabajo y la vida personal se ve subrayada por las nuevas realidades provocadas por la pandemia, que han cambiado fundamentalmente la forma en que percibimos el trabajo y el hogar.

Este libro está pensado para una gran variedad de lectores: trabajadores a distancia, empresarios, padres que trabajan, directivos, profesionales de RR.HH. y cualquier persona que se esfuerce por lograr un mayor equilibrio en su vida. Tanto si desea recuperar el control después de haber experimentado el agotamiento como si simplemente desea mantener un equilibrio saludable en un trabajo exigente, las estrategias y las ideas que aquí se comparten pretenden capacitarle. Nuestra intención no es sólo ofrecer soluciones, sino proporcionar un marco integral que le ayude a adaptarse a un entorno laboral en continua evolución, reduciendo el estrés y mejorando el bienestar.

El camino para lograr el equilibrio entre la vida laboral y personal a menudo comienza con la comprensión de lo que realmente significa. Para algunos, puede tratarse de pasar más tiempo de calidad con la familia, mientras que para otros, puede implicar encontrar tiempo para el crecimiento personal y las aficiones. Independientemente de las prioridades de cada uno, existe un hilo conductor: la búsqueda de una vida más significativa y menos estresante.

A medida que se adentre en este libro, descubrirá que cada capítulo está diseñado para abordar aspectos específicos del equilibrio entre la vida laboral y personal. Las primeras secciones proporcionan una visión de los conceptos fundamentales y la importancia de este equilibrio, especialmente en nuestra era moderna. Desde los retos del trabajo a distancia hasta la gestión eficaz del estrés, cada capítulo ofrece enfoques prácticos para abordar estas cuestiones de frente.

El cambio hacia modelos de trabajo a distancia e híbridos ha abierto nuevas vías para la flexibilidad, pero también ha introducido retos únicos. Explorar formas de superar estas dificultades y el arte de establecer límites claros puede mejorar enormemente la capacidad de prosperar en estos entornos. La necesidad de delimitar claramente el trabajo del tiempo personal ya no es un lujo, sino una necesidad para mantener la salud mental y la productividad.

En una era en la que la tecnología facilita la conectividad constante, utilizarla sabiamente para mantener el equilibrio es crucial. Aunque la tecnología puede aprovecharse para favorecer la productividad, también plantea el riesgo de agotamiento si no se gestiona con cuidado. Por lo tanto, las técnicas para utilizar la tecnología en nuestro beneficio y evitar sus trampas son vitales para crear un estilo de vida equilibrado.

Los padres que trabajan también se enfrentan a un conjunto único de desafíos que requieren consideraciones específicas y sistemas de apoyo. Del mismo modo, los empresarios deben equilibrar la pasión por sus empresas con su vida personal para evitar el agotamiento. Este libro profundiza en las estrategias y mecanismos de apoyo para estos grupos, reconociendo las diversas luchas y triunfos que experimentan.

Las funciones de dirección y gestión conllevan su propio conjunto de responsabilidades a la hora de fomentar una cultura equilibrada en el lugar de trabajo. Los líderes se encuentran en una posición única para aplicar políticas que den prioridad al equilibrio y apoyen a sus equipos de forma eficaz. Al fomentar una cultura organizativa que valore el bienestar de los empleados, las empresas pueden lograr una mayor satisfacción general y una mayor productividad.

Del mismo modo, los profesionales de RR.HH. desempeñan un papel fundamental en el desarrollo de políticas que mejoren la armonía entre el trabajo y la vida personal, abogando por cambios que apoyen el crecimiento individual y colectivo. A través de estrategias progresistas de RRHH, las organizaciones pueden iniciar cambios culturales que prioricen la flexibilidad, el apoyo y el equilibrio.

El crecimiento personal y el autocuidado surgen como elementos cruciales para mantener el equilibrio entre la vida laboral y personal a largo plazo. Invertir en uno mismo no sólo beneficia al individuo, sino que también mejora su capacidad para contribuir positivamente a su entorno. A medida que los lectores se adentren en estas discusiones, encontrarán prácticas de autocuidado viables que fortalecerán sus esfuerzos para lograr un equilibrio satisfactorio.

Este libro está estructurado para guiarle a través de estos diversos temas metódicamente, proporcionando tanto amplias perspectivas como estrategias detalladas. El diseño es intencional, asegurando que cada capítulo se construye sobre el anterior, ofreciendo ideas que son relevantes para las múltiples facetas de su vida personal y profesional.

Nuestro objetivo es equiparle con un conjunto de estrategias y conocimientos que se pueden adaptar para adaptarse a sus circunstancias únicas. Así como la definición de equilibrio de cada persona es diferente, también lo son los caminos para alcanzarlo. Para cuando llegue a la conclusión, nuestra esperanza es que no sólo se sienta inspirado, sino también armado con métodos prácticos para iniciar, o continuar, su viaje hacia una vida equilibrada.

Well-Being Publishing

El mundo pospandémico exige resiliencia, adaptabilidad y un mayor énfasis en el bienestar mental y emocional. Este libro proporciona tanto una brújula como un mapa para navegar en estos tiempos sin precedentes. Integrando la sabiduría de varios líderes del pensamiento y entretejiendo consejos prácticos, nuestra exploración trata de capacitarle para crear y mantener la vida que imagina, una vida equilibrada y enriquecida en todos los sentidos posibles.

Equilibrio en la vida.

## Capítulo 1: Entender el equilibrio entre trabajo y vida personal

El mundo actual, interconectado y acelerado, ha redefinido el equilibrio entre trabajo y vida personal como algo más que una palabra de moda; se ha convertido en un componente crítico de la vida profesional moderna. Rara vez las fronteras entre las responsabilidades laborales y la vida personal son tan nítidas como antes, lo que supone un reto para los trabajadores a distancia, los empresarios y los padres ocupados por igual a la hora de encontrar el equilibrio. Alcanzar ese equilibrio no consiste en distribuir las mismas horas entre el trabajo y el ocio, sino en alinear ambas esferas de forma que fomenten el bienestar y la satisfacción. En esencia, el equilibrio entre trabajo y vida privada es la capacidad de gestionar eficazmente la propia carga de trabajo sin comprometer los espacios y las relaciones personales. Aunque la era digital ha introducido comodidades que nos permiten trabajar prácticamente desde cualquier lugar, también ha difuminado los límites entre las obligaciones profesionales y la vida doméstica. Comprender esta dinámica es esencial, ya que descuidar el equilibrio puede conducir al estrés y al agotamiento, afectando a la productividad y a la salud mental. A medida que profundizamos, reconocer la importancia del equilibrio entre la vida laboral y personal hoy sienta las bases para desarrollar estrategias sólidas que se adapten a las demandas en constante evolución de los estilos de vida pospandémicos.

La conciliación de la vida laboral y personal es una de las prioridades de la empresa.

## Definición del equilibrio entre la vida laboral y personal

En el mundo actual, acelerado y siempre conectado, el equilibrio entre la vida laboral y personal a menudo parece una quimera para muchos. Pero, ¿qué significa exactamente conciliación, especialmente en una época en la que los ámbitos personal y profesional se confunden más que nunca? En esencia, la conciliación consiste en encontrar el equilibrio entre las exigencias del trabajo y las de la vida personal. Se trata de ser productivo en el trabajo y, al mismo tiempo, tener tiempo y energía para la familia, los intereses personales y, en última instancia, para uno mismo. Cada persona tiene una visión distinta del equilibrio, que refleja sus prioridades personales y sus obligaciones profesionales. Para algunos, esto puede significar un horario de trabajo tradicional con un tiempo personal y laboral estrictamente definido. Para otros, puede implicar horarios más flexibles que se adapten a los intereses personales o a las necesidades familiares. Esta diversidad subraya que la definición del equilibrio entre la vida laboral y personal es algo muy personal, en lo que influyen la etapa profesional, la situación familiar y los objetivos personales de cada uno.

Sin embargo, definir este equilibrio también implica un cambio filosófico en nuestra forma de ver el tiempo y la productividad. Se trata de reconocer que el tiempo que se pasa fuera del trabajo no es una pérdida, sino que contribuye al bienestar general y mejora la productividad en el trabajo. Este cambio de percepción es esencial tanto para las organizaciones como para los individuos que pretenden fomentar entornos que conduzcan a un equilibrio sostenible entre la vida laboral y personal. Los límites son cruciales, ya que definen los límites que establecemos para proteger nuestro tiempo y energía. Ayudan a crear una separación mental y física entre el trabajo y la vida personal, una distinción vital para mantener la salud mental. Sin límites claros, el estrés y el agotamiento pueden aparecer rápidamente, afectando tanto a la felicidad personal como al rendimiento profesional.

También hay un aspecto comunitario en el equilibrio entre la vida laboral y personal que a menudo pasa desapercibido. El apoyo de la familia, los amigos y los compañeros desempeña un papel fundamental. Cuando los lugares de trabajo facilitan activamente el equilibrio, quizás promoviendo horarios flexibles o centrándose en el bienestar de los empleados, contribuyen significativamente a la búsqueda del equilibrio individual. A su vez, esto puede cultivar una comunidad de apoyo en la que todos se sientan animados a dar prioridad a sus necesidades personales junto con sus obligaciones profesionales.

La pregunta que surge entonces es: ¿cómo podemos medir o reconocer una vida equilibrada? Es algo subjetivo, por supuesto, que varía mucho de una persona a otra. Para algunos, puede ser la capacidad de disfrutar de cenas familiares sin interrupciones o la libertad de dedicarse a aficiones después del trabajo. Para otros, puede ser algo tan sencillo como no sentirse estresado durante una semana de trabajo o tener la flexibilidad de asistir a un acto escolar de un hijo.

La tecnología también desempeña un doble papel en la conversación sobre el equilibrio. Por un lado, permite una flexibilidad sin precedentes al posibilitar el trabajo a distancia, pero por otro, puede atarnos al trabajo si no se gestiona adecuadamente. Aprender a aprovechar la tecnología y, al mismo tiempo, establecer límites con ella es crucial para definir el equilibrio entre la vida personal y la profesional.

Mientras navegamos por estos conceptos, es importante recordar que el equilibrio entre la vida personal y profesional no consiste en dividir el tiempo entre el trabajo y la vida personal a partes iguales. Se trata más bien de reconocer la naturaleza fluida del equilibrio, acomodarse al flujo y reflujo de la vida y reajustar las prioridades a medida que cambian las situaciones. Esta flexibilidad es lo que mantiene la armonía entre la vida laboral y personal a largo plazo.

Al elaborar nuestras propias definiciones de equilibrio entre la vida laboral y personal, alineamos nuestras vidas de forma que resuenen con nuestros objetivos y valores únicos. Se trata de un proceso continuo de autoevaluación que requiere sinceridad sobre lo que realmente nos importa. Al comprender y definir lo que significa el equilibrio a nivel individual, estamos mejor equipados para buscarlo y estructurar nuestras vidas en consecuencia. Se trata de asumir el control, de tomar decisiones conscientes sobre cómo empleamos nuestro tiempo y de garantizar que tanto nuestra vida personal como profesional reflejen nuestros valores y aspiraciones fundamentales. Esta definición se convierte en una estrella que nos guía y nos ayuda a navegar por las complejidades de la vida moderna con mayor facilidad y satisfacción.

## Importancia del equilibrio entre la vida laboral y personal en los tiempos modernos

A medida que navegamos por las complejidades del lugar de trabajo moderno, el concepto de equilibrio entre la vida laboral y personal adquiere cada vez más importancia. No es sólo una palabra de moda, sino un aspecto crítico que influye en nuestro bienestar y productividad generales. La evolución del panorama digital y las secuelas de la pandemia mundial han redefinido los límites entre el trabajo y la vida personal, obligándonos a replantearnos cómo distribuimos nuestro tiempo y energía. Este cambio pone de relieve la urgente necesidad de comprender y adoptar el equilibrio entre la vida laboral y personal de forma que se adapte a los retos y expectativas actuales.

## Armonía al alcance de la mano

Hace tiempo, el trabajo y la vida personal estaban claramente segmentados. Uno dejaba el trabajo en la oficina y volvía a casa para dedicarse a sus actividades personales sin que se solaparan demasiado. Hoy, sin embargo, las líneas que separan estos ámbitos se han difuminado, si no borrado por completo. El advenimiento de la tecnología permite una conectividad constante, que puede ser a la vez una ventaja y una desventaja. Por un lado, a los trabajadores a distancia, los empresarios e incluso los padres que trabajan les resulta más fácil mantenerse al día y ser eficaces. Por otro, esta conexión constante puede conducir a un ciclo de trabajo incesante que absorbe el tiempo personal, impidiendo la relajación y el crecimiento personal.

La importancia del equilibrio entre la vida laboral y personal va más allá de la mera comodidad. Desde el punto de vista de la salud, el estrés crónico y la incapacidad para desconectar del trabajo pueden provocar graves problemas de salud física y mental, como agotamiento, ansiedad y depresión. La Organización Mundial de la Salud ha llegado a clasificar el burnout como un fenómeno ocupacional, caracterizado por sentimientos de agotamiento energético y reducción de la eficacia profesional. Conciliar el trabajo y la vida personal no consiste simplemente en sacar tiempo libre, sino en recuperar el bienestar y la funcionalidad tanto en el ámbito personal como en el profesional.

Para los trabajadores a distancia y los emprendedores, el equilibrio entre la vida laboral y personal no sólo es deseable, sino esencial para mantener la creatividad y la motivación. Cuando el trabajo invade la vida personal, la creatividad y el entusiasmo tienden a disminuir. Un enfoque equilibrado, sin embargo, proporciona el espacio mental necesario para la innovación y la pasión sostenida. Es un terreno fértil para que florezcan nuevas ideas y soluciones, lo que puede conducir al éxito empresarial y a la realización personal.

La conversación en torno al equilibrio entre la vida laboral y personal también refleja cambios sociales más amplios. Existe una mayor concienciación y defensa de la salud mental, el autocuidado y la realización personal. Estas tendencias subrayan la necesidad de un enfoque holístico del trabajo y la vida, centrado en cómo interactúan y se apoyan mutuamente. Se anima a las personas y a las organizaciones a reevaluar sus prioridades y estrategias, reconociendo que la felicidad y la productividad pueden coexistir y potenciarse mutuamente. Las empresas están empezando a darse cuenta de que apoyar el equilibrio entre la vida laboral y personal de sus empleados no es sólo altruista, sino también beneficioso para el éxito de la organización. Los empleados felices y equilibrados suelen ser más productivos y comprometidos, y es menos probable que abandonen la empresa. Las políticas que apoyan las condiciones de trabajo flexibles, los días de salud mental y las oportunidades de crecimiento personal son cada vez más frecuentes, lo que refleja un cambio cultural más amplio hacia entornos de trabajo centrados en el empleado.

Los directivos y los profesionales de RR.HH. desempeñan un papel fundamental en el fomento de este equilibrio. Mediante la creación de políticas de apoyo y el fomento de una cultura que valore el equilibrio, ayudan a construir un entorno en el que los empleados puedan prosperar. Este enfoque no sólo aumenta la satisfacción de los empleados, sino que también crea una plantilla leal y resistente. Los líderes están aprendiendo que promover el equilibrio entre la vida laboral y personal es esencial para un modelo empresarial sostenible y de éxito.

Para los padres que trabajan, compaginar las exigencias del trabajo y la vida familiar puede ser especialmente difícil. En este contexto, la neccsidad de conciliar la vida laboral y familiar adquiere una dimensión crítica y existencial. Sin él, los padres corren el riesgo de agotarse y de tensar las relaciones con sus hijos y parejas. Conscientes de ello, muchas empresas ofrecen estructuras de apoyo como permisos parentales y horarios de trabajo flexibles, demostrando así su compromiso con el bienestar de los padres que trabajan y de sus familias.

Conseguir el equilibrio entre la vida laboral y personal en el mundo actual significa dominar el establecimiento de límites sin dejar de ser adaptable. Se trata de saber cuándo desconectar y cuándo comprometerse, una habilidad crucial para mantener el bienestar personal. A medida que nos adaptamos a los nuevos entornos laborales, aprender a encontrar el equilibrio se convierte en una parte integral del éxito, tanto en el trabajo como en la vida. El equilibrio entre el trabajo y la vida personal ya no es un objetivo al que aspirar, sino una necesidad para vivir de forma sostenible en los tiempos modernos.

En conclusión, la importancia del equilibrio entre el trabajo y la vida personal es inequívoca en nuestro mundo moderno. Es un elemento clave para la salud física, el bienestar mental, la creatividad y la calidad de vida en general. Es responsabilidad de los individuos, los líderes y las empresas reconocerlo y tomar medidas proactivas para integrar el equilibrio en la vida cotidiana. Al hacerlo, no sólo mejoramos nuestras propias vidas, sino que también contribuimos positivamente a las organizaciones y comunidades de las que formamos parte, creando un futuro armonioso y productivo para todos. Mientras nos esforzamos por adaptarnos a las exigencias cambiantes del trabajo y la vida, equilibrar estos aspectos sigue siendo crucial para nuestro éxito y felicidad en la era moderna.

# Capítulo 2:
## Realidades del trabajo remoto

A medida que profundizamos en la esencia del trabajo remoto, nos encontramos navegando por un paisaje que ofrece tanto libertad como complejidad. La transición de los entornos de oficina tradicionales a los entornos remotos ha reescrito el guión de cómo funcionan los individuos y los equipos. Aunque la flexibilidad de trabajar desde cualquier lugar puede dar lugar a una mayor autonomía y satisfacción, esta nueva realidad también presenta retos como el aislamiento, los límites difusos entre la vida laboral y personal, y una lucha continua por mantener una comunicación y colaboración eficaces. Con el tiempo, el trabajo a distancia exige una recalibración de nuestras rutinas y mentalidades, lo que nos empuja a desarrollar nuevas estrategias para permanecer conectados y equilibrados en nuestros esfuerzos profesionales y personales. Las realidades de este modelo de trabajo en evolución nos obligan a perfeccionar nuestras habilidades, adaptar nuestras tecnologías y reordenar nuestras prioridades para lograr un éxito sostenible tanto en la carrera profesional como en la vida.

El trabajo a distancia es una de las formas más rápidas y sencillas de trabajar a distancia.

### Transición al trabajo a distancia

El cambio al trabajo a distancia ha sido una de las transformaciones más profundas del panorama profesional en los últimos años. El entorno de oficina tradicional se está redefiniendo, ofreciendo tanto oportunidades sin precedentes como retos formidables. A medida que el mundo se adapta a esta nueva norma, resulta crucial comprender los matices de una transición eficaz.

Para muchos, el trabajo a distancia supone un cambio bienvenido: se acabaron los largos desplazamientos, hay mayor flexibilidad y la comodidad del hogar. Sin embargo, esta transición requiere algo más que un cambio de ubicación: es un cambio de mentalidad. Las rutinas y los límites tradicionales de la oficina se desdibujan cuando el espacio vital se convierte en espacio de trabajo. Las personas deben reevaluar sus estrategias de gestión del tiempo, desarrollar nuevas rutinas y cultivar un entorno propicio para la productividad.

Crear un espacio de trabajo diferenciado en casa es el primer paso para garantizar la concentración y la eficiencia. Este espacio, idealmente separado de las zonas de ocio y descanso, actúa como un límite físico que separa el trabajo de la vida personal. No es necesario que sea muy elaborado; incluso un pequeño rincón dedicado con una silla y un escritorio puede infundir una sensación de propósito y rutina.

Además de la configuración física, el cambio tecnológico es otro aspecto crítico de la transición al trabajo a distancia. Internet de alta velocidad, hardware fiable y herramientas de software eficaces no son negociables para mantener la productividad y la conectividad. La era digital actual ofrece numerosas herramientas diseñadas para imitar las interacciones de la oficina en persona, garantizando la cohesión de los equipos a pesar de las distancias físicas. No se trata sólo de estar equipado; se trata de utilizar estas tecnologías en todo su potencial para forjar conexiones y colaboración.

La comunicación, siempre un eje del éxito profesional, adquiere una nueva forma en un entorno remoto. La comunicación frecuente y clara se vuelve aún más crítica para abordar posibles malentendidos y desajustes. Las videollamadas, la mensajería instantánea y las plataformas de gestión de proyectos llenan el vacío que dejan las interacciones cara a cara. Establecer comprobaciones periódicas y bucles de retroalimentación ayuda a mantener la alineación de objetivos y tareas, evitando que nadie se sienta aislado.

Adaptarse al trabajo remoto implica también un ajuste psicológico. El hogar, tradicionalmente un santuario del estrés laboral, ahora lo incluye. Resulta imperativo "desconectar" mentalmente y mantener un equilibrio entre la vida laboral y personal. Establecer una hora constante de inicio y fin de cada jornada laboral, hacer pausas regulares y respetar el tiempo personal son prácticas esenciales. Que tu oficina esté en casa no significa que estés disponible las veinticuatro horas del día.

El trabajo a distancia también invita a una mayor autonomía y responsabilidad. Los empresarios confían en que sus equipos gestionen eficazmente sus tareas sin una supervisión constante. Esta autonomía puede ser estimulante, ya que ofrece oportunidades para la innovación y la creatividad. Sin embargo, una mayor libertad conlleva la necesidad de autodisciplina. Las habilidades de gestión del tiempo son más cruciales que nunca, y herramientas como calendarios, temporizadores y listas de tareas se convierten en activos de valor incalculable.

Para los directivos, dirigir un equipo remoto exige un cambio de enfoque, pasando de la microgestión al fomento de la confianza y la capacitación. Las métricas de rendimiento pasan de las horas registradas a la calidad de los resultados y el cumplimiento de los objetivos. El liderazgo eficaz en un entorno remoto implica ser comprensivo, accesible y adaptable a las diversas circunstancias de los miembros del equipo. Reconocer los logros y proporcionar comentarios constructivos es vital para mantener la moral y la motivación cuando las celebraciones y reuniones físicas no son factibles.

La transición al trabajo a distancia no sólo afecta al individuo, sino también a las familias. Los hogares pueden tener que adaptarse a que más de una persona trabaje o estudie desde casa. Este cambio puede tensar las relaciones y aumentar el estrés. Una comunicación clara con los miembros de la familia sobre las horas y espacios de trabajo puede aliviar algunas de estas presiones, reforzando tanto la armonía laboral como la familiar.

Para los padres que trabajan, la transición puede ser especialmente difícil. Equilibrar las tareas laborales con los deberes parentales requiere soluciones creativas y, a menudo, apoyo externo. Tener un horario claro y establecer límites con los empleadores respecto a los momentos familiares no negociables ayuda a gestionar las expectativas y a reducir el estrés.

La transición al trabajo a distancia está en marcha, con un aprendizaje y una adaptación continuos. Las técnicas y estrategias evolucionarán a medida que avance la tecnología y que las organizaciones y las personas se acostumbren a este entorno de trabajo dinámico. Los que emprenden este viaje deben mantenerse flexibles y abiertos al cambio, preparados para aceptar los inevitables cambios en los paradigmas de trabajo.

En última instancia, el éxito de la transición al trabajo remoto se reduce al equilibrio entre trabajo y vida, conexión y soledad, estructura y flexibilidad. Aunque el camino puede ser complejo, las recompensas potenciales en términos de mayor bienestar, eficiencia y satisfacción son profundas. Para quienes estén dispuestos a aceptar esta nueva realidad con mentes abiertas y espíritus resistentes, las posibilidades son ilimitadas.

## Superar los retos del trabajo a distancia

El trabajo a distancia ha transformado la forma en que realizamos nuestras tareas diarias, ofreciendo flexibilidad y autonomía, pero no está exento de obstáculos. Es importante reconocer estos retos como oportunidades de crecimiento. Abordar los retos del trabajo a distancia es esencial para lograr el equilibrio entre la vida laboral y personal, mantener la productividad y garantizar la satisfacción a largo plazo. El primer paso es comprender las dificultades comunes a las que se enfrentan los trabajadores remotos, desde la sensación de aislamiento hasta la tensión de equilibrar la vida familiar y laboral en el mismo espacio.

Uno de los retos más destacados es la lucha contra el aislamiento. Muchos trabajadores echan de menos las interacciones espontáneas y la camaradería de una oficina tradicional, lo que puede provocar una sensación de soledad o desconexión. Para superarlo, los trabajadores remotos pueden crear una comunidad virtual. Las empresas pueden facilitar reuniones periódicas de equipo o pausas virtuales para tomar café, fomentando interacciones sociales que favorezcan el sentimiento de pertenencia. Además, participar en espacios de coworking locales, cuando sea posible, puede ayudar a salvar la distancia entre el trabajo remoto y la interacción social. Sin los límites claros de un entorno de oficina, los trabajadores a menudo se encuentran sobreextendiendo sus horas de trabajo, lo que conduce al agotamiento. Una estrategia eficaz es adoptar un horario estructurado. Utilice herramientas como calendarios digitales o técnicas de bloqueo horario para delimitar claramente las horas de trabajo. Incorporar descansos y fijar un final definitivo de la jornada laboral fomenta un estilo de vida equilibrado. Es igualmente importante comunicar estos límites a los miembros de la familia o compañeros de piso para minimizar las interrupciones y mantener la concentración durante las horas de trabajo.

Las distracciones son inevitables cuando se trabaja desde casa. Ya sean las tareas domésticas, los niños que buscan atención o el atractivo de los dispositivos personales, mantenerse productivo puede ser difícil. Para evitarlo, es fundamental crear un espacio de trabajo. No tiene por qué ser una habitación separada, pero debe ser una zona asociada exclusivamente al trabajo. Personalízalo para que inspire concentración y minimice las interrupciones. Además, el uso de aplicaciones de productividad, como temporizadores de concentración o herramientas de gestión de tareas, puede ayudar a mantener el ritmo a lo largo del día, manteniendo a raya las distracciones.

La tecnología, aunque es una bendición, también puede ser una pesadilla. La conectividad constante puede difuminar los límites entre el tiempo personal y el profesional, agravando el estrés laboral. Una forma de gestionar esto es mediante estrategias de desintoxicación digital durante las horas de descanso. Anime a apagar los dispositivos de trabajo después de las horas de trabajo y a ser consciente de las notificaciones. Las empresas pueden apoyar esto respetando las horas no laborales de los empleados y promoviendo una cultura en la que "estar siempre conectado" no sea la norma.

Los problemas de seguridad son otra capa de complejidad en el trabajo a distancia. Proteger la información sensible y garantizar conexiones seguras es vital. El empleo de redes privadas virtuales (VPN), conexiones Wi-Fi seguras y la actualización periódica del software para combatir posibles ciberamenazas crean un entorno digital más seguro. Además, los trabajadores remotos deben recibir formación sobre las mejores prácticas de ciberseguridad para mitigar los riesgos.

La falta de una trayectoria profesional clara es una preocupación importante para muchos trabajadores remotos. Sin interacciones cara a cara, el crecimiento potencial dentro de una empresa puede parecer ambiguo. Las organizaciones pueden solucionar este problema estableciendo trayectorias profesionales transparentes, implicando activamente a los trabajadores remotos en oportunidades de formación, programas de tutoría y revisiones periódicas del rendimiento. Fomentar el aprendizaje continuo y el desarrollo personal ayuda a los empleados a sentirse valorados y a ampliar sus límites profesionales.

Por último, nunca se insistirá lo suficiente en la importancia de la salud mental y el bienestar. Los trabajadores remotos a menudo pasan por alto la importancia de cuidar de su salud mental debido a la difuminación de los límites y a la intensificación del trabajo. Incorporar prácticas de bienestar como el ejercicio regular, la meditación o cualquier forma de autocuidado en las rutinas diarias puede proporcionar una base y rejuvenecer la mente y el cuerpo. Las empresas deben ofrecer apoyo a través de recursos de bienestar, jornadas de salud mental o acceso a servicios de asesoramiento.

Superar los retos del trabajo a distancia exige un enfoque proactivo tanto por parte de los individuos como de las organizaciones. Fomentando la comunicación, aplicando horarios estructurados, utilizando la tecnología de forma inteligente y dando prioridad a la salud mental, los trabajadores remotos pueden prosperar. Estas soluciones no sólo mejoran la productividad, sino que también fomentan una sinergia equilibrada entre el trabajo y la vida personal, lo que, en última instancia, conduce a una experiencia de trabajo a distancia más satisfactoria.

# Capítulo 3:
## Gestionar eficazmente el estrés

Gestionar eficazmente el estrés es esencial en el vertiginoso entorno laboral actual, especialmente para los trabajadores a distancia, los empresarios y cualquier persona que tenga que hacer frente a un sinfín de compromisos. El estrés no sólo se deriva de la carga de trabajo o de los plazos, sino que a menudo acecha en los conflictos no resueltos entre nuestras responsabilidades profesionales y nuestras aspiraciones personales. Reconocer estos desencadenantes es el primer paso para vencerlos. Un enfoque proactivo implica integrar técnicas sencillas pero significativas en las rutinas diarias, como las prácticas de atención plena y las pausas estratégicas, que pueden mejorar drásticamente nuestra capacidad de recuperación. La gestión del estrés no es un viaje único, sino una estrategia personalizada que evoluciona a medida que cambian las necesidades. Al fomentar una cultura en la que el estrés se reconoce y se aborda, cultivamos no sólo una mentalidad más sana, sino también entornos más productivos tanto en casa como en el lugar de trabajo.

La gestión del estrés es una estrategia personalizada que evoluciona a medida que cambian tus necesidades.

### Identificar las fuentes de estrés

A medida que profundizamos en la gestión eficaz del estrés, es crucial comprender qué es exactamente lo que desencadena nuestro estrés. Identificar los factores estresantes no es sólo un ejercicio de autoconciencia; es un paso vital hacia un cambio significativo.

Nuestras vidas, especialmente después de la pandemia, están más entrelazadas con la tecnología, salpicadas de constantes pings y notificaciones que exigen atención inmediata. El panorama digital, aunque repleto de comodidades, a menudo puede servir de caldo de cultivo para el estrés.

Para los trabajadores a distancia y los empresarios, las líneas que separan el tiempo profesional del personal se han difuminado considerablemente. Esta falta de límites claros es una importante fuente de estrés. Tareas que nunca parecieron urgentes ahora hacen más difícil desconectar. La accesibilidad conduce casi siempre a una sensación de disponibilidad perpetua. ¿Es de extrañar que hayan aumentado los índices de agotamiento? Identificar estos patrones es el primer paso para recuperar nuestro tiempo y nuestra paz mental.

Los padres que trabajan no son inmunes al estrés, ya que las expectativas se acumulan tanto en el trabajo como en casa. Hacer malabarismos con las tareas del trabajo mientras se intenta cuidar de las mentes jóvenes es desalentador. Cuando entran en juego el cierre de los colegios o la falta de opciones de guardería, los niveles de estrés pueden dispararse. No se trata sólo de gestionar el tiempo, sino de estar emocionalmente presente en ambas esferas sin sentirse demasiado presionado.

Los empresarios, con su incesante dinamismo y lo mucho que se juegan, se enfrentan a factores de estrés únicos. La presión para tener éxito, gestionar las finanzas y mantener la pasión sin sucumbir al agotamiento puede ser abrumadora. Si no se gestionan con cuidado, los proyectos apasionantes pueden convertirse fácilmente en cargas estresantes. Reconocer estas señales tempranas ayuda a redirigir la energía hacia vías sanas y productivas.

También está el ámbito de los directivos de empresa y los profesionales de RR.HH. que son responsables de supervisar no sólo su propio equilibrio entre vida laboral y personal, sino también de defender a sus equipos. La expectativa de ser el ancla de estabilidad y apoyo en tiempos tumultuosos es desalentadora. El estrés puede manifestarse de varias formas, desde sentirse insuficientemente apoyado por la alta dirección hasta tener que hacer frente a las repercusiones de las políticas cambiantes de una empresa.

Más allá de las responsabilidades y funciones individuales, hay temas generales que contribuyen al estrés. La gestión del tiempo aparece como un factor inevitable. Es un desencadenante universal, que afecta a todo el mundo, desde los padres que trabajan hasta los directivos. La sensación de falta de tiempo para realizar las tareas pesa mucho, exacerba el estrés y fomenta sentimientos de incapacidad.

La tecnología, aunque es una bendición, es otra espada de doble filo. Aunque permite el trabajo a distancia, puede obligar a las personas a estar conectadas continuamente. Los teléfonos inteligentes, los ordenadores y el correo electrónico pueden ser esenciales, pero alteran el tiempo personal y provocan fatiga digital. El truco está en encontrar el equilibrio entre beneficiarse de los avances tecnológicos y reconocer cuándo se adentran en territorios que inducen al estrés.

El entorno desempeña un papel importante en la identificación del estrés. Un espacio desordenado puede reflejar una mente desordenada. El trabajo a distancia ha empujado a muchos a improvisar oficinas en casa, donde el entorno no siempre es propicio para la productividad. Esto provoca irritación, baja moral y estrés. Adaptarse a estos factores estresantes significa reconocer las distintas culturas y dinámicas de los diferentes lugares de trabajo, ya sea una oficina corporativa que se adapta a modelos de trabajo híbridos o un espacio de trabajo en casa. Cada entorno presenta retos únicos que pueden alimentar el estrés. Navegar por ellos implica comprender las dinámicas en juego y los factores de estrés específicos que generan.

Además, no deben pasarse por alto las diferencias individuales. Los tipos de personalidad influyen significativamente en la forma de percibir y manejar el estrés. Lo que para una persona supone un estrés importante, para otra puede ser una irritación menor. Esta variación significa que las estrategias personalizadas son primordiales a la hora de abordar los factores estresantes. Los introvertidos pueden tener problemas con las constantes reuniones de Zoom, mientras que los extrovertidos pueden temer el aislamiento que puede provocar el trabajo a distancia.

El estrés no es del todo negativo; puede indicarnos que estamos sobrepasando nuestros límites y servirnos de recordatorio para reevaluar prioridades y centrarnos. Al identificar de forma proactiva las fuentes de estrés, las personas pueden desarrollar estrategias no sólo para afrontarlo, sino también para prosperar en un entorno en rápida evolución. Comprender estos factores de estrés nos coloca en una posición más fuerte para cultivar un auténtico equilibrio entre la vida laboral y personal.

## **Técnicas para reducir el estrés**

En el acelerado y a menudo impredecible mundo actual, la reducción del estrés se ha convertido en algo más que un lujo: es una necesidad. A medida que navegamos por entornos de trabajo en evolución y hacemos malabarismos con diversas funciones, es crucial comprender las técnicas de reducción del estrés. Varios métodos eficaces pueden ayudar a aliviar las presiones a las que nos enfrentamos a diario.

Una de las técnicas más accesibles es practicar la atención plena. Esto no significa que haya que meditar durante horas y horas. La atención plena puede consistir simplemente en prestar atención al momento presente sin juzgarlo. Cuando te sientas abrumado, intenta concentrarte en tu respiración durante unos minutos. Inhala profundamente, aguanta un momento y luego exhala lentamente. Esta práctica ayuda a enraizar los pensamientos, lo que conduce a una sensación de calma y claridad.

El ejercicio es otra poderosa herramienta para reducir el estrés. La actividad física regular libera endorfinas, sustancias químicas del cerebro que actúan como analgésicos naturales y elevan el estado de ánimo. Tanto si prefiere hacer footing por la mañana, como una sesión de yoga o un paseo nocturno, incorporar el movimiento a su rutina puede mejorar significativamente sus niveles de estrés. Es importante que elija actividades que le gusten porque es más probable que las mantenga.

Las relaciones sociales también desempeñan un papel fundamental en la reducción del estrés. Relacionarse con amigos, familiares o compañeros permite procesar los sentimientos y adquirir nuevas perspectivas. Los encuentros virtuales, las llamadas telefónicas o incluso los breves intercambios de mensajes de texto pueden ayudar a reforzar estos vínculos. No se trata de tener una gran red de contactos, sino de cultivar unas pocas relaciones sólidas y significativas.

Las prácticas de gestión del tiempo pueden aliviar significativamente el estrés, especialmente en el caso de las personas que compaginan múltiples responsabilidades. Empiece por priorizar las tareas y fije objetivos realistas para cada día. Considere la posibilidad de utilizar técnicas como la Técnica Pomodoro, en la que se trabaja durante 25 minutos seguidos de un descanso de 5 minutos. Este método ayuda a mantener la concentración y reduce el agotamiento, haciendo que la carga de trabajo parezca más manejable.

Crear un entorno equilibrado también ayuda a gestionar el estrés. Empiece por despejar su espacio de trabajo para reducir las distracciones. Un espacio ordenado y organizado puede fomentar la eficacia y aliviar la ansiedad. Además, considere la posibilidad de utilizar sonidos ambientales o música para crear una atmósfera relajante que favorezca la concentración y la creatividad.

A veces, el estrés puede deberse a una agenda sobrecargada. Aprender a decir "no" es esencial. Es importante reconocer tus límites y no comprometerte en exceso. Prioriza las tareas y los compromisos que estén en consonancia con tus objetivos y valores. Al hacerlo, liberará tiempo para actividades que realmente importan y que aportan alegría a su vida.

Incorporar técnicas de relajación a su rutina diaria es otra forma eficaz de controlar el estrés. Métodos como la relajación muscular progresiva, en la que tensa y suelta sistemáticamente diferentes grupos musculares, pueden reducir la tensión física y el estrés mental. Por otro lado, las imágenes guiadas le invitan a visualizar escenas o experiencias tranquilizadoras, lo que contribuye a la relajación y la paz mental.

Llevar un diario es una práctica reflexiva que puede aliviar el estrés. Escribir sobre sus pensamientos y sentimientos puede ayudarle a procesar las emociones e identificar los factores estresantes. Dedicar unos minutos al día a anotar sus reflexiones puede ayudarle a comprender mejor qué desencadena el estrés y cuál es la mejor forma de gestionarlo.

La nutrición también desempeña un papel crucial en la gestión del estrés. Consumir una dieta equilibrada rica en alimentos integrales, como frutas, verduras y proteínas magras, favorece la salud del cerebro y mejora la estabilidad del estado de ánimo. Manténgase hidratado y modere el consumo de cafeína, ya que puede aumentar la ansiedad si se consume en exceso.

No se puede pasar por alto el sueño cuando se habla de estrategias para reducir el estrés. Asegurarse de dormir lo suficiente cada noche permite que el cuerpo y la mente se recuperen. Establezca un horario de sueño constante acostándose y levantándose a la misma hora cada día. Cree una rutina relajante antes de acostarse, eliminando las pantallas al menos una hora antes de dormir, para promover un mejor descanso.

## Armonía al alcance de la mano

A veces, se hace necesario el apoyo profesional. Acudir a terapia o asesoramiento puede proporcionar valiosas herramientas y estrategias para gestionar el estrés de forma eficaz. Los terapeutas pueden ofrecer orientación adaptada a sus circunstancias particulares, ayudándole a desarrollar resiliencia y a afrontar los retos de la vida.

Recuerde, la reducción del estrés es un proceso continuo que requiere compromiso y adaptación. Lo que funciona hoy puede no ser tan eficaz mañana, así que manténgase abierto a experimentar con diferentes técnicas y ajustarlas según sea necesario. El camino hacia una vida menos estresante pasa por adoptar estas prácticas para mejorar su bienestar y productividad.

Educación.

## Capítulo 4:
## Establecer límites en un mundo borroso

En el mundo siempre conectado de hoy en día, encontrar el equilibrio entre el trabajo y la vida personal parece más difícil que nunca. Con los dispositivos digitales y el trabajo a distancia difuminando las líneas entre las obligaciones laborales y el tiempo personal, establecer límites se convierte en algo crucial para mantener tanto la productividad como el bienestar. Imagínese intentar centrarse en un proyecto mientras las responsabilidades domésticas exigen atención; la capacidad de establecer separaciones claras se convierte en un salvavidas. Tanto los trabajadores como los líderes deben equilibrar hábilmente la flexibilidad con la firmeza, asegurándose de no estar siempre de guardia pero sí accesibles. Esta delicada danza implica no sólo autodisciplina, sino también una comunicación eficaz con colegas, directivos y familiares. Articular los límites personales ayuda a gestionar las expectativas y fomenta el respeto mutuo, creando un entorno en el que el trabajo y la vida pueden coexistir armoniosamente. A medida que navegamos por este mundo difuso, establecer estas líneas no sólo consiste en encontrar el equilibrio, sino también en recuperar el control y fomentar un espacio en el que ambos aspectos de nuestras vidas puedan prosperar.

El trabajo y la vida personal son dos aspectos fundamentales de nuestra vida.

## Establecimiento de límites laborales y personales

En el mundo interconectado de hoy en día, en el que las fronteras entre nuestra vida profesional y personal son cada vez más difusas, establecer límites es más crucial que nunca. La comodidad del trabajo a distancia y los avances digitales conllevan desafíos, en particular el de mantener espacios diferenciados para nuestro trabajo y nuestra vida personal. Este cambio hacia un entorno de trabajo sin fronteras requiere un esfuerzo consciente para trazar las líneas que impidan que nuestro trabajo se extienda a nuestro tiempo personal.

Al principio, puede parecer liberador revisar el correo electrónico a horas intempestivas o atender llamadas personales durante las reuniones de trabajo, pero esta flexibilidad puede conducir rápidamente al agotamiento si no se gestiona adecuadamente. Cuando el trabajo y las tareas personales se entremezclan a lo largo del día, puede resultar abrumador y difícil desconectar. Establecer límites no sólo consiste en proteger su tiempo, sino en preservar su bienestar mental.

Comience por identificar lo que realmente importa en ambas esferas de su vida. ¿Cuáles son los valores fundamentales y las prioridades que impulsan tu trabajo? ¿Qué actividades y relaciones personales enriquecen realmente su vida? Al comprender estas prioridades, creas una base sobre la que construir límites sólidos. Es esencial conciliar estas prioridades con sus responsabilidades, ya que le guiarán a la hora de establecer límites que reflejen tanto sus objetivos profesionales como sus necesidades personales.

Los límites físicos desempeñan un papel fundamental en este proceso. Incluso en un entorno de trabajo remoto, donde los límites geográficos son inexistentes, es importante designar espacios específicos para diferentes actividades. Si es posible, asigne una zona concreta de su casa como espacio de trabajo y reserve otras zonas para actividades personales y familiares. Esta segregación física puede mejorar la concentración durante las horas de trabajo y la relajación cuando no se está trabajando.

Los límites temporales son igualmente vitales. Definir las horas de trabajo y ceñirse a ellas es un método sencillo pero eficaz para garantizar que ninguna de las dos esferas domine a la otra. Establece horas claras de inicio y fin de tu jornada laboral y asegúrate de que los demás las conocen. Durante las horas de trabajo, dedique toda su atención a las tareas profesionales; del mismo modo, una vez finalizada la jornada laboral, resista el impulso de participar en actividades relacionadas con el trabajo.

Reflexione sobre sus hábitos digitales, ya que a menudo son responsables de difuminar estos límites. La tentación de estar siempre disponible puede ser irresistible con los teléfonos inteligentes, las tabletas y los ordenadores portátiles al alcance de la mano. Protege tu tiempo personal estableciendo límites a las notificaciones de correo electrónico y mensajes fuera del horario laboral. Utilice la tecnología a su favor, por ejemplo, programando tiempo de concentración en su calendario o configurando el modo "no molestar" en los dispositivos.

Involucre a otras personas en sus esfuerzos por establecer límites, especialmente a aquellos que influyen en sus rutinas diarias. Comunique claramente sus límites a colegas, clientes y familiares. Una conversación sincera y abierta sobre su disponibilidad y prioridades fomentará el respeto y la comprensión mutuos. Anímeles a respetar sus límites haciendo lo mismo con ellos, creando una cultura de trabajo que valore y respete el tiempo personal. Establecer límites a menudo pondrá a prueba su determinación, especialmente cuando se enfrente a tareas laborales urgentes u obligaciones personales. Recuerde que la incomodidad o resistencia inicial de los demás dará paso gradualmente al respeto a medida que sean testigos del impacto positivo que tiene en su productividad y bienestar. Un límite bien articulado puede fortalecer las relaciones en general, ya que subraya el compromiso de estar presente en cada momento.

Los límites no son estáticos; requieren reevaluaciones y ajustes periódicos para seguir siendo eficaces. Si usted o las circunstancias de su vida cambian, también deberían hacerlo sus límites. Ya se trate de un cambio en las responsabilidades laborales o de un nuevo compromiso personal, adapte sus límites para reflejar estos cambios. La reflexión periódica sobre lo que funciona y lo que no ayudará a mantener un equilibrio saludable entre su trabajo y su vida personal.

A muchas personas también les resulta útil participar en rituales o hábitos para delimitar el tiempo de trabajo y el personal. Considere la posibilidad de desarrollar una rutina que marque el comienzo y el final de su jornada laboral, como un breve paseo o una lista de reproducción específica. Este tipo de prácticas facilitan la transición mental entre los distintos papeles y hacen que el cerebro cambie de marcha con eficacia.

Al dar importancia a la creación de estos límites, no sólo protegemos nuestro tiempo, sino que también cultivamos un entorno en el que podemos prosperar tanto profesional como personalmente. Este equilibrio armonioso nos permite rendir al máximo e invertir de todo corazón en ambos ámbitos. Al establecer y respetar estos límites, no sólo contribuimos a nuestro propio bienestar, sino que también creamos un efecto dominó que promueve una cultura de equilibrio y respeto en nuestros lugares de trabajo y hogares.

Abraza la oportunidad de predicar con el ejemplo. Cuando mantienes unos límites firmes, envías un mensaje claro sobre la valoración del autocuidado y el equilibrio, animando a los demás a buscar también el equilibrio en sus vidas. Al hacerlo, te conviertes en un catalizador para fomentar entornos de trabajo más sanos y espacios personales más satisfactorios.

Cuidado personal.

## Comunicar los límites con eficacia

En el mundo interconectado de hoy en día, los límites entre el trabajo y la vida personal a menudo se difuminan. Comunicar los límites de forma eficaz resulta crucial para mantener un equilibrio que alimente tanto nuestras aspiraciones profesionales como nuestro bienestar personal. Esta tarea no consiste simplemente en establecer preferencias, sino que implica un compromiso deliberado y reflexivo con los demás para fomentar la comprensión y el respeto mutuos.

Uno podría pensar en los límites como líneas invisibles trazadas para proteger el tiempo y la energía de cada uno. Sin embargo, comunicarlos puede parecer a menudo como navegar por un complejo laberinto. Es esencial reconocer que establecer límites es un arte, matizado y sutil, que exige precisión y empatía. El objetivo es transmitir sus necesidades sin alienar ni ofender a los demás, ya sean compañeros, supervisores o incluso familiares. Antes de poder comunicar límites, debes identificar claramente cuáles son. Dedica tiempo a introspeccionar tus límites: qué horas estás dispuesto a dedicar a llamadas relacionadas con el trabajo, cuándo prefieres que no te molesten para reflexionar personalmente o pasar tiempo con la familia y cómo te imaginas tu escenario ideal de vida laboral. La claridad con uno mismo allana el camino para la claridad con los demás.

Una vez conseguida la claridad interna, el siguiente paso es la comunicación externa. Inicie conversaciones en las que los límites se ajusten de forma natural al contexto. Puede que sea tan sencillo como fijar en su calendario un horario en el que NO MOLESTAR, o tan complejo como dialogar con su supervisor sobre sus funciones y responsabilidades. La clave está en presentar los límites de forma que todos los implicados salgan ganando. Cuando los demás ven los beneficios, es más probable que apoyen sus límites.

## Armonía al alcance de la mano

El lenguaje desempeña un papel fundamental a la hora de comunicar los límites. No se trata sólo de lo que se dice, sino de cómo se dice. Utilizar frases con "yo" puede ayudar a expresar necesidades personales sin sonar acusatorio. En lugar de decir: "No deberías llamar después de las 18.00", puedes decir: "Trabajo mejor cuando puedo relajarme después de las 18.00 sin interrupciones". Esta forma de expresarse ayuda a enmarcar el límite como una medida de apoyo a la productividad y la salud mental en lugar de como una barrera a la colaboración.

La empatía es la piedra angular de este proceso. Comprenda que las personas que le rodean pueden tener prioridades y presiones diferentes. Mostrando empatía y flexibilidad, se fomenta un entorno en el que prospera el respeto mutuo por los límites. A veces, esto significa estar abierto a ajustes temporales de los límites durante los plazos de proyectos críticos o emergencias personales.

La tecnología, aunque a menudo es cómplice de la difuminación de las líneas, también puede servir como un poderoso aliado en el cumplimiento de los límites. Herramientas como las aplicaciones de calendario pueden ayudar a programar bloques de trabajo sin interrupciones, mientras que las plataformas de comunicación ofrecen indicadores de estado para señalar la disponibilidad. Aprovechando el potencial de la tecnología, puedes reforzar con tacto tus límites sin necesidad de recordatorios verbales constantes.

Los retos abundan, y el miedo a las repercusiones negativas puede inhibir la comunicación de límites. Es natural preocuparse por la forma en que un colega o directivo pueda percibir sus necesidades. Sin embargo, es fundamental abordar de frente estos temores. Entablar un diálogo abierto puede revelar un apoyo sorprendente e incluso animar a los demás a establecer sus propios límites. A menudo, el establecimiento de límites puede catalizar un cambio cultural más amplio hacia el respeto y el equilibrio.

Reconoce que puede surgir cierta resistencia, y eso está bien. No todo el mundo aceptará sus límites inmediatamente. Sea coherente con sus límites y mantenga abiertos los canales de comunicación. Agradezca la comprensión de los demás y esté dispuesto a escuchar también sus necesidades. Esto crea un ciclo de respeto mutuo y responsabilidad compartida en el mantenimiento de un entorno propicio para la productividad y el bienestar. Ya sea un colega, un mentor o un grupo de compañeros, tener aliados puede reforzar la confianza y proporcionar apoyo. Compartir experiencias y estrategias para la comunicación de límites fortalece la determinación y construye una comunidad en torno a objetivos mutuos de equilibrio y bienestar mental.

No olvidemos la importancia del seguimiento. Establecer un límite no es un hecho aislado, sino un proceso continuo. Compruébalo contigo mismo y, si procede, con las personas afectadas por tus límites. ¿Se respetan? ¿Hacen falta ajustes? Revisar periódicamente estas cuestiones garantiza que sus límites sigan siendo relevantes y eficaces, adaptándose a las nuevas circunstancias según sea necesario.

Mientras navegamos por este mundo borroso, recuerde que los límites no tienen por qué ser rígidos. Deben ser adaptables, abiertos a la evolución a medida que cambia el panorama personal y profesional. La flexibilidad no significa renunciar a las necesidades básicas, sino que permite un equilibrio dinámico que se adapta al crecimiento y al cambio. Adoptar esta mentalidad te dota de resiliencia, preparándote para manejar los giros inesperados que presenta la vida.

En conclusión, comunicar eficazmente los límites es un diálogo continuo, un arte que combina claridad, empatía y adaptabilidad. A medida que perfeccionas esta habilidad, no sólo proteges tu bienestar, sino que también contribuyes a crear un entorno más sano y equilibrado para todos los implicados. Gracias a estas estrategias, podemos aceptar los límites difusos de nuestro mundo moderno, no como limitaciones, sino como oportunidades para la conexión empática y la coexistencia armoniosa.

Los límites son un arte que combina claridad y adaptabilidad.

# Capítulo 5:
# Adaptarse a los nuevos entornos de trabajo

En el cambiante panorama actual, adaptarse a los nuevos entornos de trabajo es esencial para prosperar tanto profesional como personalmente. A medida que se asienta el polvo del cambio global inducido por la pandemia, los trabajadores y las organizaciones están adoptando modelos de trabajo híbridos que satisfacen diversas necesidades. Esta evolución exige una mayor flexibilidad, la capacidad de desenvolverse con destreza en la dinámica de la oficina y una mentalidad abierta al cambio. Los trabajadores están elaborando enfoques personalizados que combinan los ámbitos físico y virtual, en los que el horario tradicional de nueve a cinco no siempre es aplicable. Esta transición no siempre es fácil, pero brinda la oportunidad de redefinir nuestros espacios de trabajo y hacerlos más equilibrados y productivos. Si nos mantenemos adaptables, los individuos y los equipos pueden aprovechar estos cambios para fomentar la colaboración, mantener la concentración y favorecer el bienestar en un mundo en el que el trabajo y la vida se entrelazan más que nunca.

## Embrando modelos de trabajo híbridos

El concepto de modelos de trabajo híbridos ha surgido como un actor importante en el panorama de los entornos de trabajo modernos. Esta evolución está impulsada por la necesidad de dar cabida a diversas preferencias laborales, manteniendo al mismo tiempo la productividad y la satisfacción de los empleados. En esta fase de transición, las empresas están descubriendo las ventajas de combinar el trabajo a distancia con el trabajo en la oficina, creando una dinámica que satisface las distintas necesidades de los empleados en diferentes funciones y sectores.

Los modelos híbridos ofrecen un enfoque flexible que permite la personalización en función de las preferencias individuales, las responsabilidades laborales y la cultura de la empresa. Para los trabajadores remotos, esta flexibilidad puede suponer un soplo de aire fresco. Reconoce la realidad de que algunas tareas pueden realizarse más eficazmente sin las distracciones de una oficina ajetreada, mejorando la concentración y la productividad. Sin embargo, también existe un elemento social y de colaboración en el trabajo que no puede reproducirse por completo a través de la comunicación digital.

Para los empresarios, los modelos híbridos pueden suponer una ventaja estratégica. Al combinar el trabajo en persona y a distancia, los empresarios tienen la posibilidad de aprovechar una fuente de talento global sin los gastos generales asociados al mantenimiento de una oficina con todo el personal necesario. Este modelo puede permitir a las nuevas empresas crecer e innovar sin estar atadas por limitaciones geográficas. La posibilidad de trabajar desde casa parte de la semana puede facilitar una mejor coordinación de las responsabilidades familiares, reduciendo los malabarismos de los padres entre las obligaciones profesionales y la vida familiar. Esta configuración puede reducir el estrés asociado a menudo con el equilibrio de estas funciones, aumentando así la satisfacción y la productividad tanto en el trabajo como en casa.

Los directivos desempeñan un papel esencial en la transición a modelos de trabajo híbridos. Deben adaptar sus estrategias para gestionar equipos que no siempre comparten el mismo espacio físico. Esto requiere nuevas herramientas y técnicas de comunicación y colaboración para garantizar que todos se sientan incluidos e informados. La gestión eficaz en un entorno híbrido también implica confiar en los empleados para que realicen su trabajo sin supervisión constante, centrándose en los resultados más que en la presencia física.

Los profesionales de RR.HH. se enfrentan a retos y oportunidades únicos con los modelos de trabajo híbridos. Es crucial desarrollar políticas que reconozcan los matices del trabajo híbrido. Estas políticas deben abordar cuestiones como las normas de comunicación, la compensación y las métricas de rendimiento, al tiempo que garantizan la equidad y la coherencia. El papel proactivo de RR.HH. en la formación de los empleados y en el fomento de una cultura organizativa que acepte los modelos híbridos puede salvar diferencias y fomentar la armonía.

Para las personas que superan el agotamiento, los modelos híbridos pueden presentar un camino viable hacia la recuperación. La combinación de trabajo a distancia puede ofrecer el tiempo y el espacio necesarios para recuperarse, mientras que las interacciones periódicas en la oficina pueden reintegrarles lentamente en los aspectos sociales del trabajo de una manera manejable. Este retorno gradual puede ayudar a aliviar el estrés y disminuir la sensación de aislamiento.

Es importante reconocer que el trabajo híbrido no es una solución única. Las empresas deben evaluar y ajustar con frecuencia estos modelos para satisfacer sus necesidades específicas y las expectativas cambiantes de su plantilla. Las líneas de comunicación abiertas entre empresarios y empleados pueden ayudar a crear un sistema que funcione para todos.

Aunque los modelos de trabajo híbridos no están exentos de dificultades, representan un cambio en la relación entre empresarios y empleados que da prioridad al equilibrio, el bienestar y la flexibilidad. Al adoptar estratégicamente estos modelos, las organizaciones pueden impulsar potencialmente la innovación, la motivación y la lealtad, conduciéndolas hacia un futuro más sostenible.

El modelo de trabajo híbrido ejemplifica el futuro del trabajo en sí mismo: adaptable, inclusivo y listo para satisfacer las demandas de un mundo cambiante. Centrándose en la creación de un entorno que permita a los empleados rendir al máximo, las empresas pueden allanar el camino hacia una nueva era de armonía entre la vida laboral y personal, hecha a medida para el mundo pospandémico.

El modelo de trabajo híbrido ejemplifica el futuro del trabajo en sí mismo: adaptable, inclusivo y preparado para satisfacer las demandas de un mundo cambiante.

## Navegando por los cambios en la dinámica de la oficina

A medida que las organizaciones de todo el mundo se adaptan a los nuevos modelos de trabajo, la dinámica de la oficina tradicional ha evolucionado significativamente. Estos cambios se han visto acelerados por el cambio global hacia el trabajo remoto e híbrido, lo que ha provocado profundos cambios en las interacciones y procesos del lugar de trabajo. Entender cómo navegar por estos cambios es crucial para mantener la armonía y la productividad en el entorno organizativo.

La oficina ya no se parece al espacio claramente dividido de antaño. Los espacios físicos de trabajo han evolucionado, y los límites entre el hogar y la oficina se difuminan cada día que pasa. A medida que los equipos se enfrentan a estas transformaciones, surgen nuevas dinámicas de comunicación y colaboración que exigen que tanto los empresarios como los empleados adopten una cultura de adaptabilidad e innovación.

Uno de los principales retos es fomentar la colaboración en un entorno mixto en el que algunos miembros del equipo trabajan a distancia mientras otros están físicamente presentes. Esta configuración híbrida requiere un esfuerzo concertado para garantizar que todos los empleados permanezcan comprometidos y conectados.

La gente debe aprender a navegar por las diferentes herramientas de comunicación sin problemas, pasando de charlas espontáneas en persona a reuniones virtuales estructuradas. La clave está en equilibrar estas interacciones para mantener un espíritu de equipo cohesionado.

Además de transformar la forma en que colaboran los empleados, el papel de los directivos ha evolucionado drásticamente. Se ha pasado de supervisar las actividades diarias a proporcionar apoyo y orientación. Los directivos tienen ahora la tarea de garantizar que sus equipos estén preparados para enfrentarse a la nueva dinámica de la oficina, lo que incluye ofrecer estructuras flexibles al tiempo que se mantiene la responsabilidad. La tutoría se convierte en algo fundamental, ya que los empleados afrontan los retos de trabajar de forma independiente y como parte de una unidad colectiva.

El entorno de oficina también influye significativamente en la moral y el bienestar de los empleados. Por ello, las organizaciones deben reconsiderar la distribución de las oficinas para adaptarlas a las necesidades del trabajo híbrido. Los puestos de trabajo flexibles, las zonas tranquilas y los espacios de colaboración se adaptan a una amplia gama de preferencias laborales, fomentando la productividad y el bienestar al mismo tiempo. Además, ofrecer opciones como el "hot desking" puede maximizar la usabilidad de la oficina, atendiendo a las distintas necesidades de los empleados.

Abordar la diversidad y la inclusión dentro de esta dinámica cambiante es más importante que nunca. Una oficina que valora la diversidad de opiniones fomenta una cultura de respeto e innovación, en la que todos se sienten escuchados y apreciados. Con perspectivas variadas, los equipos pueden abordar los problemas de forma más creativa, lo que conduce a soluciones más ricas y eficaces.

Construir una cultura organizativa sólida en este contexto va más allá de los espacios físicos. Los empresarios también deben centrarse en cultivar un entorno de confianza y transparencia. Esto puede lograrse estableciendo canales de comunicación claros y fomentando la retroalimentación periódica. Escuchar y abordar las preocupaciones de los empleados reafirma proactivamente su valor, promoviendo mayores niveles de compromiso y satisfacción.

La tecnología desempeña un papel importante en la navegación por estas nuevas dinámicas de oficina. La implementación de plataformas digitales sólidas facilita una mejor colaboración y comunicación en equipo, apoyando tanto a los miembros del equipo in situ como a los remotos. Garantizar que todos tengan acceso a los mismos recursos e información es fundamental para establecer un entorno de trabajo equitativo. Aunque las herramientas digitales son esenciales para la eficiencia, también pueden provocar agotamiento. Fomentar pausas regulares y promover un equilibrio saludable entre la vida laboral y personal evita que la tecnología eclipse las interacciones personales, que son igualmente importantes para construir una cultura conectada y colaborativa.

Las oportunidades de formación pueden capacitar al personal para adaptarse a la nueva dinámica de la oficina. Los talleres y seminarios periódicos sobre comunicación, gestión del estrés y alfabetización digital ayudan a los empleados a mantenerse ágiles ante el cambio. Alentar el aprendizaje permanente fomenta una cultura de resiliencia e innovación, lo que permite a las personas prosperar independientemente de su entorno de trabajo.

Además, a medida que evoluciona la dinámica de la oficina, es importante que la dirección reconozca y celebre los hitos. Reconocer los logros del equipo, ya sean grandes o pequeños, refuerza la camaradería y eleva la moral. El reconocimiento ayuda además a crear un equipo cohesionado, en el que cada miembro se siente parte integrante del viaje de la organización.

En definitiva, navegar por estos cambios es un viaje continuo, que requiere el compromiso tanto de los empleados como de las organizaciones. Si se adopta la flexibilidad, se fomenta la comunicación abierta y se valora la diversidad, todo el mundo puede prosperar en medio de la dinámica cambiante de la oficina. La clave está en permanecer abierto al cambio y no verlo como un reto, sino como una oportunidad de crecimiento e innovación en nuestro entorno de trabajo moderno.

Empleo en la oficina.

# Capítulo 6:
# Mejorar la productividad y el bienestar

A medida que navegamos por las complejidades de un entorno laboral post-pandémico, mejorar tanto la productividad como el bienestar se convierte en algo crucial para mantener el éxito y la satisfacción a largo plazo. Adoptando estrategias de atención plena, las personas pueden aumentar su productividad al tiempo que se aseguran de que su salud mental y física no pende de un hilo. En el centro de esta transformación se encuentra el compromiso de desarrollar hábitos que combinen la eficiencia con el autocuidado, permitiendo a los trabajadores a distancia, a los empresarios y a los padres que trabajan prosperar sin compromisos. Técnicas como el bloqueo del tiempo, la priorización de tareas y la delegación eficaz pueden aumentar enormemente la productividad. Mientras tanto, incorporar prácticas de bienestar como el ejercicio regular, la meditación y reservar tiempo para los intereses personales fomenta un enfoque holístico que mantiene la energía y la motivación. Esta sinergia entre el impulso productivo y las prácticas rejuvenecedoras no sólo combate el riesgo de agotamiento, sino que también cultiva una integración más satisfactoria y armoniosa de la vida laboral y personal. Al adoptar estas estrategias, abrimos la puerta a un futuro en el que el éxito y el bienestar caminan de la mano, construyendo unos cimientos resistentes para un crecimiento personal y profesional continuado.

La clave para alcanzar el éxito en la vida laboral es el trabajo en equipo.

## Estrategias para mejorar la productividad

Potenciar la productividad no es sólo trabajar más tiempo o más rápido. Se trata de trabajar de forma más inteligente. Profundicemos en algunas estrategias que pueden cambiar radicalmente la forma en que enfocamos nuestro trabajo, ya sea desde una oficina en casa, una bulliciosa cafetería o un lugar de trabajo tradicional. Es hora de replantearse la productividad no como un objetivo mecánico, sino como una parte intrínseca del bienestar.

En primer lugar, es crucial establecer objetivos realistas. Esto no significa bajar el listón, sino centrarse en lo que realmente se puede conseguir en un plazo determinado. Divida los proyectos más grandes en tareas más pequeñas y factibles. Esto no sólo hace que las tareas sean menos desalentadoras, sino que también te mantiene motivado al ir tachando cada una de la lista. Intente utilizar los criterios SMART (específicos, medibles, alcanzables, relevantes y sujetos a un plazo) para crear objetivos que le mantengan en el buen camino.

La gestión del tiempo es otro componente vital, y en este ámbito abundan las herramientas. La técnica Pomodoro, por ejemplo, consiste en sesiones de trabajo concentradas seguidas de breves descansos, lo que puede mejorar la concentración y evitar el agotamiento. Este enfoque reconoce que, aunque nuestros cerebros pueden ser maravillosamente eficientes, también necesitan descansar para rendir al máximo.

Incorporar la tecnología de forma inteligente puede cambiar las reglas del juego. Existen innumerables aplicaciones y soluciones de software diseñadas para aumentar la productividad. Herramientas de gestión de proyectos como Trello o Asana pueden ayudar a mantener las tareas organizadas y las prioridades claras. Y no se trata solo de almacenar información, sino de utilizar la automatización para gestionar tareas repetitivas. Esta asistencia tecnológica te da más espacio para centrarte en actividades que requieren pensamiento profundo y creatividad.

Las distracciones son la archienemiga de la productividad. Identificar las principales distracciones en su entorno de trabajo y crear estrategias para minimizarlas es fundamental. Un espacio de trabajo desordenado, por ejemplo, puede ser una distracción tanto física como mental. Invertir tiempo en crear un espacio de trabajo organizado y tranquilo puede marcar una diferencia sustancial.

Establecer una rutina también puede ayudar a la productividad. Nuestro cerebro se nutre de patrones y de la formación de hábitos. Si empiezas el día de forma constante, ya sea dando un paseo por la mañana, leyendo o meditando, le indicas a tu cerebro que se ponga en modo de trabajo. Con el tiempo, estos rituales pueden ayudar a disminuir la carga mental, permitiéndole empezar el día con claridad y determinación.

La colaboración y la comunicación desempeñan un papel transformador en la mejora de la productividad, especialmente si trabaja a distancia o forma parte de un equipo. Unos canales de comunicación claros evitan malentendidos y garantizan que todo el mundo esté de acuerdo. Las comprobaciones periódicas, ya sea mediante videollamadas o mensajería, también pueden mejorar la moral y la responsabilidad del equipo. El ejercicio, una nutrición adecuada y un sueño apropiado son los combustibles que impulsan nuestros motores de productividad. Sin ellos, incluso el individuo más disciplinado tendrá dificultades para mantener altos niveles de rendimiento. Garantizar tu bienestar no es un lujo; es un elemento esencial de una vida laboral productiva.

Ahora, hablemos del poder de decir "no". Puede sonar contraproducente, pero decir no a ciertas tareas puede, en realidad, aumentar la productividad. Se trata de priorizar las tareas que se alinean con tus objetivos y delegar o rechazar las que no. Esto no significa rechazar todas las oportunidades, sino considerar detenidamente cómo se alinea cada una de ellas con tus objetivos y niveles de energía.

Tomar descansos regulares no es negociable. A pesar de la necesidad de rendir al máximo, nuestras mentes no están diseñadas para funcionar en modo de alto rendimiento continuo. Las pausas breves y los descansos más largos nos rejuvenecen, evitan la fatiga y a menudo dan lugar a momentos de "ajá" que hacen avanzar los proyectos.

Por último, la reflexión continua y la adaptabilidad son fundamentales. Revisar periódicamente qué estrategias funcionan y cuáles no nos permite recalibrar. El éxito de la productividad no es estático, sino que evoluciona a medida que lo hacen nuestras circunstancias y conocimientos. Mantente abierto a nuevas herramientas y métodos que puedan ajustar tu estilo de productividad a tu contexto actual.

A medida que vayas integrando estas estrategias, recuerda que la productividad es algo profundamente personal. No todos los métodos funcionarán para todo el mundo, pero con la experimentación y el compromiso, descubrirás un ritmo que mejore tanto tu productividad como tu bienestar.

Productividad.

## Incorporar prácticas de bienestar

En una era en la que las líneas entre la vida profesional y personal se difuminan cada día más, incorporar prácticas de bienestar a nuestras rutinas diarias ya no es sólo un lujo, es una necesidad. Para los trabajadores a distancia, los empresarios y los padres que trabajan, el reto de mantener la productividad al tiempo que se compaginan diversas responsabilidades puede ser desalentador. Las prácticas de bienestar pueden proporcionar un ancla muy necesaria, ayudando a las personas a navegar por las tumultuosas aguas de un mundo post-pandémico.

El bienestar es un concepto holístico que abarca la salud física, mental y emocional. Integrar en la rutina diaria prácticas que favorezcan estas facetas puede mejorar el rendimiento y contribuir a una vida plena. El punto de partida suele ser la conciencia del propio estado actual: detectar signos de fatiga, estrés o agotamiento puede servir de llamada de atención para empezar a dar prioridad al bienestar. Cada práctica varía en su enfoque, pero todas comparten el objetivo común de fomentar una relación más saludable entre el trabajo y la vida.

El bienestar físico puede mejorarse significativamente mediante el movimiento y el ejercicio regulares. Los trabajadores a distancia, especialmente, se enfrentan al inconveniente de períodos potencialmente prolongados de inactividad, a menudo sentados en espacios de trabajo improvisados. Introducir pausas breves y frecuentes para estirarse o caminar puede mejorar drásticamente la concentración y reducir la tensión muscular. Los empresarios y los trabajadores a distancia pueden programar una pausa de diez minutos cada hora, haciendo microejercicios como yoga en el escritorio o un rápido paseo al aire libre, revitalizando el cuerpo y la mente.

La ingesta nutricional también juega un papel importante. Adoptar hábitos alimenticios conscientes, como el consumo de comidas equilibradas ricas en proteínas, vitaminas y fibras, puede aumentar los niveles de energía y evitar el bajón del mediodía. Si se planifican las comidas con antelación, se pueden evitar los tentempiés poco saludables durante un día ajetreado. La preparación de las comidas ahorra tiempo y fomenta el sentido de la rutina, otro pilar de la vida equilibrada.

No se puede pasar por alto la importancia de la salud mental como componente básico del bienestar general. Las prácticas de atención plena y meditación están ganando adeptos por una razón. No requieren una gran inversión de tiempo y pueden adaptarse perfectamente a cualquier horario. Incluso cinco minutos de respiración concentrada o una meditación guiada pueden fomentar una sensación de calma, aliviar el estrés y mejorar la concentración. La atención plena anima a la persona a estar presente, lo que reduce la ansiedad y evita que la mente entre en una espiral de estrés por acontecimientos pasados o futuros.

El bienestar emocional, que a menudo implica cultivar las relaciones y los vínculos sociales, puede ser un poco más complicado en entornos remotos. Sin embargo, si se acostumbra a visitar regularmente a los amigos íntimos o a la familia, aunque sea virtualmente, se puede reforzar la resistencia emocional. Crear una comunidad en la que prospere el apoyo mutuo es increíblemente beneficioso. Las personas pueden participar en actividades como un café virtual o en seminarios y talleres en línea centrados en la comunicación y la colaboración.

Otra estrategia eficaz es llevar un diario de gratitud, un pequeño cuaderno en el que cada día se anotan los aspectos de la vida por los que se está agradecido. Esta práctica desplaza la atención de los factores estresantes a la positividad, lo que mejora la salud emocional. Además, expresar gratitud y aprecio a los miembros del equipo o a los compañeros puede crear un entorno de trabajo de apoyo y aliento.

Un aspecto clave de la incorporación de prácticas de bienestar implica gestionar el tiempo de forma eficaz, un reto constante en todos los modelos de trabajo. Técnicas de gestión del tiempo como la Técnica Pomodoro animan a las personas a trabajar en intervalos (normalmente 25 minutos de trabajo concentrado seguidos de un descanso de 5 minutos), lo que puede evitar el agotamiento. Las herramientas y aplicaciones diseñadas específicamente para la productividad pueden ayudar a mantener un enfoque equilibrado de la gestión de la carga de trabajo. Aunque se podrían dedicar capítulos enteros a este tema, basta con decir que establecer líneas claras entre el trabajo y la vida familiar afecta drásticamente al bienestar. Un espacio de trabajo específico, un horario de trabajo regular y un tiempo de inactividad programado en el que se deje de lado la tecnología pueden ayudar a reforzar estos límites. Estas prácticas permiten a las personas desconectar y recargar pilas, lo que en última instancia aumenta la productividad.

El bienestar no se detiene fuera de la oficina: como seres sociales, nuestro entorno nos afecta. Por lo tanto, optimizar el espacio de trabajo para promover el bienestar puede conducir a mejoras tangibles en la productividad. Un espacio limpio y organizado con toques personales, como plantas o fotos, puede levantar el ánimo. La incorporación de escritorios y sillas ergonómicos reduce el esfuerzo físico y crea una atmósfera propicia para la productividad.

Para los directivos y los profesionales de RRHH, es crucial fomentar y facilitar estas prácticas en sus equipos. Ya sea proporcionando acceso a programas de bienestar, organizando actividades periódicas de creación de equipos u ofreciendo jornadas de salud mental, el liderazgo desempeña un papel fundamental. A mayor escala, las empresas pueden incorporar guías de conciliación en sus procesos de incorporación, destacando el compromiso de la organización con el bienestar de los empleados. Cada individuo puede tener necesidades y respuestas diferentes en función de sus circunstancias personales y exigencias profesionales. La clave está en experimentar y cultivar un conjunto de prácticas que tengan resonancia personal. La búsqueda del equilibrio es continua, y los ajustes regulares garantizan que el arte de mejorar la productividad y el bienestar se perfeccione continuamente.

Incorporar el bienestar a los hábitos diarios puede que no erradique inmediatamente todos los factores estresantes de la vida laboral moderna, pero proporciona una base sólida para desarrollar la resiliencia y lograr una productividad sostenida. Al tratar el bienestar como un proceso continuo y no como una solución rápida, los individuos pueden adaptarse y prosperar en un mundo en constante cambio.

# Capítulo 7: Tecnología y equilibrio

En nuestro panorama digital en rápida evolución, encontrar el equilibrio entre el uso de la tecnología y el bienestar personal se ha convertido en una danza intrincada. A medida que el trabajo a distancia sigue redefiniendo los límites, los gadgets y las aplicaciones ofrecen formas sin precedentes de mantenerse conectado y aumentar la productividad. Sin embargo, inadvertidamente, también pueden difuminar la línea que separa el trabajo del descanso, provocando fatiga digital. Es esencial aprovechar la tecnología con prudencia, asegurándonos de que mejora nuestra armonía entre trabajo y vida privada en lugar de perturbarla. Al establecer límites digitales intencionados y adoptar hábitos tecnológicos conscientes, las personas pueden transformar el posible caos digital en un aliado para lograr el equilibrio. Este capítulo profundiza en las estrategias para aprovechar la tecnología de manera eficaz sin caer presa del agotamiento, proporcionando una hoja de ruta para integrar la tecnología en una vida equilibrada sin comprometer el bienestar personal.

La tecnología es un factor clave en la vida de una persona.

## Aprovechar la tecnología para lograr el equilibrio

En la búsqueda del equilibrio entre la vida laboral y personal, la tecnología es a la vez aliada y adversaria. Ofrece un conjunto de herramientas que pueden transformar lo caótico en manejable, pero también puede invadir los límites personales si no se maneja con cuidado. Alcanzar el equilibrio adecuado implica utilizar la tecnología de forma que fomente la eficiencia y proporcione la libertad necesaria para centrarse en las demás exigencias de la vida. Esta sección explora cómo aprovechar la tecnología para mejorar el equilibrio sin caer en la trampa de la sobrecarga digital.

El trabajo a distancia, antaño un lujo o una excepción, es ahora un pilar del empleo contemporáneo. El tiempo y los desplazamientos que ahorra son ventajas innegables, pero también significa que el trabajo puede seguirnos a todas partes, invadiendo el tiempo personal. Es vital establecer líneas claras de demarcación entre las horas de trabajo y el tiempo personal. El uso eficaz de las aplicaciones de programación y la configuración del modo "No molestar" en los dispositivos pueden crear una barrera que garantice que la vida fuera del trabajo conserve su santidad.

El software de gestión de tareas se ha convertido en un salvavidas para aquellos que hacen malabarismos con un sinfín de responsabilidades. Aplicaciones como Trello y Monday.com permiten visualizar las tareas, delegar con eficacia y hacer un seguimiento de los objetivos diarios, semanales e incluso mensuales. Estas herramientas ayudan a concentrar la energía en lo que de verdad importa, permitiendo que las tareas menos críticas se gestionen de forma asíncrona o en un momento que resulte menos intrusivo para la vida personal.

Además, la llegada de plataformas de comunicación digital como Slack y Microsoft Teams ofrecen vías de colaboración sin necesidad de tediosas cadenas de correo electrónico o engorrosas reuniones. Utilizadas con criterio, estas plataformas pueden agilizar la comunicación, permitiendo la resolución rápida de problemas y el intercambio de ideas sin aumentar el estrés. La advertencia, sin embargo, es establecer protocolos de comunicación sólidos para evitar la expectativa de disponibilidad 24/7.

## Armonía al alcance de la mano

La automatización representa otra faceta tecnológica que puede recuperar un tiempo precioso. Las tareas sencillas, ya sea enviar correos electrónicos rutinarios o publicar en las redes sociales, pueden automatizarse para liberar ancho de banda mental para problemas más importantes o actividades creativas. Dominar el uso de herramientas como Zapier o IFTTT puede marcar una diferencia sustancial en la eficiencia del flujo de trabajo diario.

Sin embargo, la tecnología también debería facilitar el tiempo de inactividad en lugar de ser constantemente una fuente de compromiso. Varias aplicaciones promueven la atención plena y la relajación, ayudando a mitigar el estrés y mejorar el bienestar general. Aplicaciones como Headspace y Calm ofrecen meditaciones guiadas accesibles y ejercicios de atención plena, ayudando a los usuarios a desconectar y centrarse eficazmente después de un ajetreado día de trabajo.

La tecnología portátil también desempeña un papel en el mantenimiento de un equilibrio entre la vida profesional y personal. Los rastreadores de actividad física y los relojes inteligentes controlan la actividad física y recuerdan a los usuarios que deben moverse y descansar del trabajo sedentario. Dado que el sedentarismo se está convirtiendo en una norma en los entornos de trabajo basados en la tecnología, la integración de estos dispositivos puede ayudar a mantener tanto la salud física como la claridad mental.

No se puede exagerar la importancia de un espacio de trabajo bien diseñado, y la tecnología puede complementarlo. Los muebles ergonómicos, junto con elementos como mesas para trabajar de pie y monitores ajustables, pueden reducir la tensión física y mejorar la comodidad y la productividad. Sin embargo, todo se reduce a las preferencias y necesidades personales, haciendo hincapié en entornos cómodos pero propicios para el uso prolongado de herramientas tecnológicas.

Al facilitar un mejor equilibrio, la adopción de herramientas de almacenamiento y gestión de proyectos en la nube proporciona una capa adicional de flexibilidad. Con las nubes, como Google Drive y Dropbox, el acceso a los archivos o aplicaciones de trabajo desde cualquier dispositivo es fluido, lo que elimina la necesidad de llevarlo todo físicamente a todas partes. Esta accesibilidad puede reducir la ansiedad por estar lejos de un espacio de trabajo principal.

A pesar de las comodidades que pueden aportar los flujos de trabajo digitales, la tecnología debe gestionarse de forma activa. La desconexión deliberada, como la desconexión programada de las cuentas de trabajo, garantiza que el tiempo de ocio sea realmente "libre". Crear zonas libres de tecnología en el hogar también puede proteger el tiempo personal y familiar, reduciendo la tentación de volver al trabajo durante las horas de descanso.

Por último, la formación continua en alfabetización digital permite a las personas utilizar mejor las tecnologías disponibles. Comprender el potencial de cada herramienta y la eficiencia que puede introducir en la propia vida puede influir enormemente en el mantenimiento del equilibrio. Muchas plataformas en línea ofrecen contenidos educativos destinados a mejorar las competencias digitales, lo que puede aumentar la eficacia del uso de la tecnología para promover el equilibrio.

El camino hacia el equilibrio, al igual que el uso de la tecnología, requiere un enfoque concienzudo que tenga en cuenta que lo que funciona para uno puede no servir para otro. Por lo tanto, es fundamental adaptar las soluciones tecnológicas al estilo de vida de cada persona. De este modo, las personas pueden aprovechar la tecnología no como una carga, sino como un trampolín hacia una existencia más sana y equilibrada.

## Evitar el agotamiento tecnológico

En nuestro mundo hiperconectado, la tecnología se ha convertido en un arma de doble filo. Por un lado, ofrece una comodidad y eficiencia sin precedentes; por otro, amenaza con abrumarnos y agotarnos. Las mismas herramientas diseñadas para aumentar la productividad a menudo acaban consumiendo nuestros recursos mentales y emocionales. Para los trabajadores a distancia, los empresarios y cualquiera que intente encontrar un equilibrio entre sus responsabilidades profesionales y su vida personal, el reto reside en cómo aprovechar la tecnología sin caer presa de sus exigencias.

Un paso crucial para evitar el agotamiento tecnológico es establecer activamente límites en la forma en que interactuamos con la tecnología. Las notificaciones constantes, los interminables hilos de correo electrónico y la presión por estar siempre "conectado" pueden difuminar las líneas que separan el trabajo del ocio. Por lo tanto, es esencial establecer límites digitales. Considera la posibilidad de establecer momentos específicos durante el día para revisar el correo electrónico y las redes sociales en lugar de responder a cada ping. Crear estos límites no sólo ayuda a gestionar el tiempo de forma eficaz, sino que también permite a la mente el respiro que necesita desesperadamente.

Piensa en el tiempo alejado de las pantallas como un tiempo para la limpieza mental. Programar sesiones "desconectadas", en las que la tecnología no esté al alcance de la mano, puede ser increíblemente refrescante. Estos descansos te permiten reconectar con actividades que a menudo se descuidan, como una conversación cara a cara tomando un café, un paseo por el parque o la lectura de un libro. Esta práctica no sólo rejuvenece sus facultades mentales, sino que también fortalece su conexión con el mundo fuera del ámbito digital.

Las prácticas de atención plena también ofrecen poderosos antídotos contra el agotamiento tecnológico. Integre breves ejercicios de atención plena en su rutina diaria. Incluso unos minutos de meditación o ejercicios de respiración profunda pueden centrar tus pensamientos y reenfocar tu energía. Estas prácticas le ayudan a cultivar una mayor conciencia de su consumo de tecnología, lo que le permite tomar decisiones más conscientes.

El entorno de trabajo moderno, especialmente después de una pandemia, a menudo exige hacer malabarismos con múltiples dispositivos. Para contrarrestar el estrés potencial de este requisito, racionalice su espacio de trabajo digital. Utilice herramientas de productividad diseñadas para mejorar la concentración y reducir el ruido digital. Las aplicaciones que bloquean los sitios web no esenciales durante las horas de trabajo o las herramientas que permiten procesar tareas por lotes pueden reducir drásticamente el desorden digital.

La interacción humana es otra área que a menudo se sacrifica en el altar de la tecnología. Sin embargo, desempeña un papel crucial para mantener el equilibrio y evitar el agotamiento. En un escenario de trabajo desde casa, es fácil caer en la trampa del aislamiento. Busque activamente momentos de auténtica conexión, ya sea a través de pausas virtuales para tomar café con los compañeros o de oportunidades para establecer contactos dentro de su comunidad. Al fomentar las interacciones sociales, se crean sistemas de apoyo que promueven la resiliencia emocional.

Además, deje que la propia tecnología forme parte de la solución. Las aplicaciones digitales de bienestar pueden rastrear y analizar tus patrones de uso de la tecnología, ofreciendo información y fomentando hábitos más saludables. Estas herramientas a menudo vienen equipadas con funciones que alertan del uso excesivo y sugieren intervalos para hacer descansos, practicando lo que predican a través de su propio funcionamiento.

Otra forma eficaz de evitar el agotamiento tecnológico es dar prioridad al uso de la tecnología con un propósito. Utiliza la tecnología de forma consciente: pregúntate qué aporta valor a tu vida y qué consume tu atención sin ofrecer mucho a cambio. Este aspecto está relacionado con el desarrollo de la alfabetización digital, que no sólo se centra en las habilidades para utilizar la tecnología, sino también en la sabiduría para usarla sabiamente.

Para los padres que trabajan, el desafío puede ser particularmente intenso. La tecnología, aunque es esencial para gestionar las agendas profesionales y personales, también puede convertirse en una fuente de distracción de la vida familiar. Dar ejemplo a los niños mostrándoles hábitos tecnológicos saludables subraya la importancia de estar presentes sin la intrusión constante de las pantallas. Involucre a los niños en actividades que no requieran gadgets, fomentando una cultura familiar que aprecie las alegrías offline.

Los empresarios también se encuentran a menudo atados a sus gadgets mientras construyen y hacen crecer sus empresas. Es fácil equiparar la conectividad constante con la dedicación y el progreso. Sin embargo, comprender que las ideas creativas suelen surgir lejos de las pantallas puede liberar a los empresarios de la dependencia excesiva de la tecnología. Permítase un tiempo alejado de la tecnología para tener una lluvia de ideas y reflexionar: puede dar lugar a avances que las interminables horas en línea no podrían proporcionar.

Los directivos y los profesionales de RR.HH. también desempeñan un papel vital en la gestión del agotamiento tecnológico dentro de las culturas organizativas. Animar a los empleados a tomarse tiempo libre, promover un equilibrio saludable entre las tareas online y offline y crear un entorno de trabajo que valore la interacción humana por encima de la digital son pasos importantes hacia el bienestar colectivo.

En última instancia, evitar el agotamiento tecnológico consiste en recuperar el control: ser proactivo en lugar de reactivo. Implica una decisión consciente de dirigir el uso de la tecnología para que te sirva, en lugar de permitir que dicte tus rutinas y emociones. Mediante la aplicación de estrategias conscientes y la aceptación del potencial de cambio, podemos redefinir nuestra relación con la tecnología, asegurándonos de que es un facilitador de nuestros objetivos y bienestar en lugar de un impedimento.

El agotamiento tecnológico es un problema de salud pública.

## Capítulo 8:
## Apoyo a los padres que trabajan

Equilibrar las responsabilidades del trabajo y la crianza de los hijos puede parecer un acto en la cuerda floja, plagado de retos y, al mismo tiempo, lleno de oportunidades de crecimiento y conexión. Los padres que trabajan, a menudo la piedra angular de las estructuras familiares, se enfrentan a presiones únicas mientras navegan por escenarios profesionales exigentes junto con las necesidades siempre cambiantes de sus hijos. Abordar estos retos requiere sistemas de apoyo integrales, tanto en el lugar de trabajo como en casa. Los empleadores pueden crear entornos más adaptados integrando horarios de trabajo flexibles, ofreciendo políticas de permiso parental y fomentando una cultura en la que se aliente el diálogo abierto sobre necesidades y expectativas. Al mismo tiempo, una sólida red de familiares, amigos y recursos comunitarios puede proporcionar el apoyo emocional y logístico que tanto se necesita. La síntesis de estas estrategias no sólo ayuda a los padres a prosperar profesionalmente, sino que también enriquece su vida personal, permitiéndoles estar presentes y comprometidos con sus familias. En última instancia, al dar prioridad al bienestar de los padres que trabajan, las organizaciones cultivan una mano de obra dedicada y resiliente que es capaz de lograr hazañas notables, tanto en el trabajo como en sus esferas personales.

Educación de los padres.

## Desafíos a los que se enfrentan los padres trabajadores

Ser padre trabajador hoy en día es como caminar por la cuerda floja; un paso en falso puede hacer que todo lo que has estado haciendo malabares se venga abajo. La integración de las responsabilidades profesionales con las interminables exigencias de la paternidad a menudo se asemeja a la gestión de dos trabajos a tiempo completo. A diferencia de las generaciones pasadas, los padres trabajadores de hoy se enfrentan a retos únicos exacerbados por los avances tecnológicos, las expectativas sociales y la naturaleza impredecible de los entornos laborales modernos. Aunque muchas empresas están adoptando condiciones de trabajo más flexibles tras la pandemia, los retos subyacentes para los padres que trabajan no han hecho más que cambiar.

Un reto predominante es la difusa frontera entre el hogar y el trabajo. Con el aumento del trabajo a distancia, la ausencia de una división física entre el trabajo y la vida personal significa que las tareas laborales y las de crianza a menudo se solapan. Imagínese responder a correos electrónicos urgentes mientras intenta ayudar a su hijo con los deberes, o peor aún, asistir a una reunión crucial sólo para ser interrumpido por un niño pequeño juguetón. Esta superposición de ámbitos plantea no sólo problemas logísticos, sino la tensión mental de intentar estar presente en dos funciones exigentes simultáneamente. La ausencia de desplazamientos al trabajo, que antes servían de zona de transición entre estos dos mundos, hace que muchos padres se sientan "siempre activos", con poco tiempo para el descanso personal.

La gestión del tiempo es otro obstáculo importante. El modelo tradicional de nueve a cinco horas rara vez coincide con el horario escolar o de guardería, lo que crea una lucha constante por encontrar soluciones para el cuidado de los niños o actividades extraescolares. La flexibilidad de horarios es bienvenida, pero puede complicar la colaboración con colegas que tengan horarios diferentes. Las familias monoparentales, en particular, se sienten doblemente presionadas, ya que a menudo carecen de un progenitor con el que compartir responsabilidades, lo que hace que estén perpetuamente presionadas por el tiempo y la atención. A pesar de la presencia de la tecnología, que ofrece herramientas para la programación y la productividad, muchos se encuentran atrapados por la paradoja de que el aumento de la conectividad conduce a mayores demandas.

Además, la presión social de "hacerlo todo" pesa mucho. Las redes sociales no han hecho más que aumentar los ideales de paternidad perfecta y éxito profesional, creando un listón invisible que muchos se sienten obligados a alcanzar. Esto provoca sentimientos de inadecuación cuando los padres perciben que no están a la altura en ninguno de los dos frentes. Además, los roles de género aún se manifiestan sutilmente en las actitudes en el lugar de trabajo: a menudo se espera que las madres den prioridad a las responsabilidades domésticas, mientras que los padres pueden enfrentarse a prejuicios cuando buscan flexibilidad para los compromisos familiares. Estos prejuicios sociales agravan el estrés y provocan sentimientos de culpa y, en ocasiones, discriminación en el lugar de trabajo.

El acceso a sistemas de apoyo adecuados -o la falta de ellos- puede ser decisivo para los padres que trabajan. Los que tienen acceso a amplias redes familiares o a guarderías asequibles pueden enfrentarse a factores de estrés diferentes de los que carecen de ese apoyo. Además, la calidad de los servicios de guardería varía enormemente y, desde el punto de vista económico, puede equivaler a una segunda hipoteca para muchas familias. La búsqueda incesante de guarderías fiables y seguras es otra capa de estrés con la que suelen lidiar los padres que trabajan. Por no hablar de que, en muchos lugares, las políticas en materia de permiso parental siguen siendo arcaicas y no proporcionan ni el tiempo ni los recursos suficientes para facilitar una transición profesional fluida tras el nacimiento de los hijos.

Empeñarse en el trabajo durante el tiempo personal habla de una creciente preocupación por el papel de la tecnología en el equilibrio entre la vida laboral y personal. A menudo, los padres se ven obligados a volver al trabajo después de acostar a los niños, prolongando su jornada laboral hasta altas horas de la noche, lo que provoca agotamiento. Tienen que hacer malabarismos para garantizar su visibilidad en el trabajo y estar presentes para sus hijos, lo que lleva a una dilución de la calidad del compromiso en ambos extremos. La presión por demostrar productividad constantemente puede agravar aún más los sentimientos de estrés e inadecuación.

Luego están los aspectos emocionales y psicológicos. El agotamiento que supone gestionar diariamente numerosas listas de tareas puede provocar problemas de salud inducidos por el estrés. Muchos padres luchan contra sentimientos de culpa por haber descuidado sus deberes familiares o profesionales. El ciclo de culpa y presión puede erosionar la salud mental y provocar ansiedad o depresión. La expectativa de mantener la eficiencia en el trabajo al tiempo que se fomenta un entorno familiar próspero es una tarea colosal, que lleva a muchos a comprometer el descanso o las aficiones. Los padres que intentan sobresalir por igual parecen pagar con su bienestar.

Por último, los retos relacionados con la escuela ocupan una parte sustancial del ancho de banda de un padre trabajador. Las salidas tempranas no programadas, los eventos deportivos y las reuniones escolares a menudo chocan con los compromisos laborales. Equilibrar la presencia en acontecimientos tan importantes sin perder terreno en sus carreras exige constantes malabarismos estratégicos. La pandemia ha puesto esto aún más de relieve con el cierre repentino de escuelas y el cambio a aulas virtuales, lo que obliga a los padres a desempeñar el papel de educadores o supervisores improvisados, una tarea para la que muchos no se sienten preparados.

En resumen, los padres que trabajan se enfrentan a una compleja red de retos que ponen a prueba su resistencia y adaptabilidad a diario. No se trata simplemente de equilibrar dos papeles, sino de ajustar constantemente sus expectativas y estrategias en respuesta a una sociedad que evoluciona pero que sigue arraigada en construcciones tradicionales. Abordar estos retos requiere un enfoque matizado: comprensión por parte de los empleadores, culturas laborales flexibles, actitudes equitativas en cuanto a los roles de género, políticas gubernamentales de apoyo en materia de permiso parental y redes comunitarias más sólidas. En los capítulos siguientes, exploraremos soluciones y sistemas que pueden dotar a los padres trabajadores de las herramientas que necesitan para prosperar, en lugar de simplemente sobrevivir, en su doble papel.

## Sistemas de apoyo y soluciones para padres

A medida que el ámbito de la conciliación de la vida laboral y familiar sigue evolucionando, un grupo que se enfrenta a retos únicos es el de los padres que trabajan. Equilibrar las responsabilidades de una carrera profesional y la crianza de los hijos puede resultar desalentador, especialmente en un mundo que exige una adaptación continua a nuevos entornos y horarios de trabajo. El ajetreo de la vida moderna puede hacer que parezca imposible cumplir con todas las obligaciones sin comprometer a ninguna de las partes. Sin embargo, con los sistemas de apoyo adecuados y soluciones a medida, el camino puede hacerse mucho más llevadero y satisfactorio.

Un elemento crucial en la creación de sistemas de apoyo eficaces para los padres que trabajan es aprovechar los recursos de la comunidad. Los centros comunitarios locales, los grupos de padres e incluso las organizaciones vecinales suelen ofrecer un apoyo inestimable, desde talleres de crianza hasta eventos adaptados a los niños que permiten a los padres conectar y compartir experiencias. Estas redes crean un sentimiento de pertenencia y ofrecen consejos prácticos que pueden ser transformadores en el camino de un padre. Además, saber que no se está solo ante estos retos puede ser reconfortante y fortalecedor.

Las soluciones en el lugar de trabajo también desempeñan un papel fundamental. Las organizaciones que reconocen las presiones a las que se enfrentan los padres que trabajan suelen poner en marcha programas que ofrecen margen de maniobra, como horarios flexibles y opciones de trabajo a distancia. Ofrecer puestos a tiempo parcial o acuerdos de trabajo compartido también puede crear un entorno laboral más adaptable para los padres. Además, los servicios de guardería in situ o las asociaciones con guarderías locales pueden aliviar en gran medida el estrés de gestionar las rutinas diarias. Al apoyar estas iniciativas, las empresas no sólo ayudan a sus empleados, sino que también promueven una cultura de inclusión y comprensión.

La tecnología ofrece otra vía de apoyo que los padres pueden aprovechar. Las aplicaciones diseñadas para agilizar los horarios familiares, la planificación de las comidas e incluso las actividades educativas para los niños pueden restar minutos a las tareas cotidianas de los padres y hacer que la carga de trabajo parezca menos pesada. La automatización de los horarios, las listas de tareas digitales y los calendarios familiares compartidos pueden transformar el caos en una rutina manejable, permitiendo a los padres concentrarse en pasar tiempo de calidad con sus familias en lugar de hacer malabarismos con un sinfín de tareas.

Además, la participación de la pareja en las tareas de crianza es esencial para lograr el equilibrio y reducir el estrés. La comunicación abierta y las responsabilidades compartidas -que van desde la gestión de los compromisos escolares hasta las tareas domésticas- pueden ayudar a aliviar la presión que a menudo siente uno de los miembros de la pareja al cargar con la mayoría de las obligaciones. Tanto si se trata de alternar las visitas al colegio como de turnarse para preparar las comidas, el apoyo de la pareja puede influir significativamente en la capacidad de los padres para disfrutar de su doble papel.

La familia extendida y los amigos pueden ser otro pilar de apoyo. Los abuelos, tíos, tías y amigos íntimos de la familia a veces pueden proporcionar cuidado de niños, tutoría o simplemente un oído comprensivo. Contar con una red de apoyo en la que los padres puedan confiar, ya sea ocasional o regularmente, enriquece la vida familiar y ofrece a los padres la oportunidad de gestionar sus carreras sin descuidar las tareas domésticas o el bienestar personal.

El autocuidado es otro componente crítico que no debe pasarse por alto. Aunque la gestión de las responsabilidades profesionales y la crianza de los hijos pueden consumir la mayor parte del tiempo de un padre, dar prioridad al bienestar personal garantiza la sostenibilidad a largo plazo. Las estrategias de autocuidado permiten a los padres estar presentes y comprometidos con sus familias a la vez que mantienen la productividad en el trabajo.

Por último, buscar orientación profesional puede ser un paso valioso para los padres que se sienten abrumados o que luchan por mantener el equilibrio. Los coaches de vida, los terapeutas familiares y los orientadores profesionales pueden proporcionar estrategias específicas para ayudar a rediseñar un estilo de vida equilibrado. A veces, una perspectiva externa puede ofrecer nuevas perspectivas y enfoques prácticos que podrían no ser evidentes en medio de la rutina diaria.

En resumen, las claves para apoyar eficazmente a los padres que trabajan residen en la elaboración de un enfoque multifacético que combine la participación de la comunidad, el apoyo organizativo, las ayudas tecnológicas y las estrategias personales. Mediante el fomento de una red de apoyo y el acceso a los recursos disponibles, los padres que trabajan pueden navegar con éxito por los entresijos de la conciliación de la vida laboral y familiar. El objetivo final es crear un entorno enriquecedor que fomente tanto el crecimiento personal como el profesional, sin sacrificar uno por el otro.

# Capítulo 9: Estrategias para emprendedores

Para los emprendedores que navegan por las tumultuosas aguas de los negocios modernos, encontrar un ritmo entre la pasión y la practicidad es clave. Aunque el atractivo de las empresas autónomas proporciona una libertad sin igual, también exige una resistencia que se refuerza con estrategias eficaces para conciliar la vida laboral y personal. Los emprendedores de éxito suelen empezar por establecer prioridades claras, asegurándose de que los valores personales se alinean con los objetivos empresariales para evitar los peligros del agotamiento. Adoptan la delegación, entendiendo que no se trata sólo de reducir su carga de trabajo, sino también de potenciar el crecimiento de sus equipos. La gestión del tiempo se convierte en un arte, en el que aprovechar las herramientas para automatizar y optimizar las rutinas puede transformar el caos diario en eficiencia estructurada. Asimismo, la creación de redes no consiste únicamente en ampliar el negocio, sino también en alimentar un sistema de apoyo que comparta ideas y experiencias. En última instancia, estas estrategias permiten a los emprendedores mantener su pasión, garantizando que sus empresas sean sostenibles y satisfactorias a largo plazo.

## Consejos de equilibrio para emprendedores

Emprender a menudo parece un trabajo de 24 horas al día, 7 días a la semana. Entre el equilibrio de las estrategias de crecimiento y la gestión de retos imprevistos, los emprendedores pueden encontrarse con que su trabajo consume cada momento que están despiertos. Sin embargo, es esencial mantener un equilibrio saludable entre la vida profesional y la personal. Encontrar la armonía puede ayudarle a mantenerse inspirado y evitar el agotamiento tan común que afecta a muchos en este exigente campo.

En primer lugar, es crucial reconocer la importancia de dividir su tiempo de forma eficaz. Cree un horario que respete tanto sus necesidades empresariales como sus prioridades personales. Utiliza herramientas como los calendarios digitales para establecer horarios de trabajo claros. La programación dinámica -asignar franjas horarias para el trabajo en profundidad, las reuniones y las tareas personales- puede suponer una gran diferencia. La clave está en cumplirla a rajatabla. Al designar momentos específicos para el trabajo y el ocio, te aseguras de no descuidar ninguno de los dos.

Una estrategia novedosa consiste en compartimentar las tareas. En lugar de enfrentarte a un conjunto fragmentado de responsabilidades a la vez, organiza las tareas por categorías y abórdalas sucesivamente. Por ejemplo, dedique las mañanas a la planificación estratégica y las tardes a las tareas operativas. Esto minimiza la carga mental que supone alternar entre procesos de pensamiento muy diferentes, lo que permite una jornada más ágil y eficaz.

La delegación suele ser un reto, pero es un componente fundamental para lograr el equilibrio. Confiar tareas a miembros capaces del equipo no sólo libera su tiempo, sino que también capacita a su personal. Empiece por identificar las tareas que pueden delegarse y encuentre personal de confianza que se encargue de ellas. Una delegación eficaz amplía su alcance sin agotar sus recursos y fomenta una cultura de equipo colaborativo.

Los emprendedores también deben aprender a aprovechar el poder de la tecnología. La automatización puede agilizar las tareas repetitivas y liberar tiempo valioso. Identifica las áreas de tu empresa que pueden beneficiarse de soluciones automatizadas, como herramientas de programación de redes sociales o bots de atención al cliente. Implementar estas tecnologías puede ayudarte a centrarte en tareas que realmente requieren tu atención personal.

Sin embargo, la tecnología puede ser un arma de doble filo. Aunque ayuda a la productividad, también puede llevar al agotamiento si no se gestiona adecuadamente. Establezca límites en el uso de los dispositivos, especialmente durante el tiempo personal. Considera la posibilidad de establecer zonas libres de tecnología o momentos del día para desconectar y recargar pilas. Este simple acto puede mejorar significativamente el bienestar mental y la productividad general.

Además, alimentar la creatividad es vital para mantener la pasión en el espíritu empresarial. Dedique tiempo a actividades que le inspiren o dejen vagar su mente. Ya sea un hobby, leer o incluso pasear, estas actividades rejuvenecen la mente y mejoran la capacidad de resolver problemas. A menudo surge una nueva perspectiva cuando no la está buscando activamente, lo que puede ser muy valioso para su negocio.

La salud mental, aunque a veces se pasa por alto, también necesita atención. Establezca una rutina que incorpore prácticas de bienestar mental como la atención plena o la meditación. Estas prácticas pueden reducir significativamente el estrés y mejorar la concentración. Los descansos regulares para estirarse o dar un paseo también pueden prevenir la fatiga y mantener la productividad a lo largo del día.

Es importante mencionar el valor de una red de apoyo. Conéctate con otros emprendedores a través de redes o grupos mastermind. Compartir los retos y los éxitos con compañeros que entienden tu trayectoria puede aportar nuevas perspectivas y apoyo emocional. Estas relaciones no sólo fomentan nuevas oportunidades de negocio, sino que también crean un sentimiento de comunidad, reduciendo el aislamiento que a veces acompaña a la iniciativa empresarial.

Por último, nunca subestimes el poder de decir no. Las oportunidades suelen llamar a la puerta, pero no todas se ajustan a sus objetivos a largo plazo. Aprender a discernir qué empresas perseguir y cuáles rechazar es esencial. Proteja su tiempo y sus recursos centrándose en actividades que impulsen el crecimiento y se ajusten a su visión. Evalúe detenidamente cada oportunidad, sopesando sus posibles beneficios frente a las exigencias de tiempo y energía.

En conclusión, encontrar el equilibrio no consiste en dividir el tiempo a partes iguales, sino en crear una vida en la que los negocios y las actividades personales prosperen a la par. La incorporación de estas estrategias puede conducir a un viaje empresarial más satisfactorio, caracterizado por un entusiasmo sostenido y un menor riesgo de agotamiento. Recuerde que alcanzar el equilibrio es un proceso continuo que requiere reevaluaciones y ajustes periódicos. Tu negocio se beneficiará de un tú más sano y feliz, y ésa es una estrategia que da dividendos a largo plazo.

## Mantener la pasión sin agotarse

Como empresarios, el impulso para innovar y tener éxito suele ir acompañado de un riesgo igualmente fuerte de agotamiento. La pasión alimenta el viaje, pero sin una gestión cuidadosa, puede conducir al agotamiento y la falta de compromiso. Para los que se aventuran en este campo implacable, mantener el entusiasmo sin sobrepasar el territorio del agotamiento requiere estrategias deliberadas y elecciones conscientes.

En primer lugar, es crucial comprender que la pasión es un recurso renovable, no agotable. Al igual que para mantener vivo un fuego, la pasión necesita combustible y oxígeno. El combustible adecuado consiste en objetivos alineados con tus valores fundamentales y una visión clara de lo que quieres conseguir. Por otro lado, el oxígeno proviene de dar un paso atrás, tomarse descansos y dejar espacio para la reflexión. Este doble enfoque mantiene la llama encendida sin que el estrés continuo la apague.

Otro aspecto fundamental es aceptar la importancia de delegar. Los emprendedores suelen llevar varios sombreros, lo que puede ser emocionante pero también abrumador. Si aprendes a delegar con eficacia, podrás centrarte en las tareas que realmente encienden tu pasión, mientras confías otras responsabilidades a miembros capaces de tu equipo. Esto no sólo evita el agotamiento, sino que también fortalece a su equipo, fomentando una cultura de confianza y colaboración.

Una red de apoyo tiene un valor incalculable en este proceso. Rodearse de personas con ideas afines que entiendan su viaje puede proporcionar tanto inspiración como consejos prácticos. Ya sea a través de mentores, grupos profesionales o debates entre iguales, estas conexiones ofrecen tanto una salida para compartir retos como una fuente de ánimo. Es una oportunidad para aprender de las experiencias de los demás y reafirmar que no estás solo en este sinuoso camino.

Además, es esencial mantener una rutina que dé prioridad al bienestar. Esto no significa simplemente hacer ejercicio o comer bien, aunque son fundamentales. Implica un enfoque holístico que incluya la salud mental y emocional. Prácticas como la atención plena o la meditación pueden ofrecer formas de conectarse a tierra, reducir el estrés y aumentar la claridad. Incorporarlas a las rutinas diarias hace que pasen de ser una ocurrencia tardía a un elemento innegociable del éxito.

Nunca se insistirá lo suficiente en el arte de decir "no". Los emprendedores suelen encontrarse con un aluvión de oportunidades y peticiones. Puede parecer contraintuitivo, pero aprender a rechazar ciertas empresas que no se alinean con su pasión o enfoque actual es crucial. Este enfoque selectivo garantiza que tu atención y energía se dirijan hacia proyectos que realmente te importan a ti y a tu negocio.

Comprender los límites personales es otro factor clave en este equilibrio. Reconocer cuándo hay que seguir adelante y cuándo hay que dar un paso atrás es todo un arte. Para algunos, significa establecer horas de trabajo definidas o utilizar recordatorios para desconectarse, mientras que para otros puede implicar tomarse un día de salud mental o planificar vacaciones regulares. Para mantener la pasión, los emprendedores también deben comprometerse con el aprendizaje permanente. Adquirir nuevas habilidades o perspectivas puede recargar su entusiasmo y mantener su negocio a la vanguardia. Ya sea a través de la educación formal, los cursos en línea o el aprendizaje autoguiado, la evolución constante garantiza que te mantengas motivado y comprometido.

Por último, celebra las pequeñas victorias y el progreso. En la persecución de grandes objetivos, es fácil pasar por alto los éxitos más pequeños y graduales que componen el viaje. Reconocer y celebrar estos logros proporciona motivación y un sentimiento de satisfacción que mantiene viva la pasión. Este enfoque fomenta una mentalidad positiva y refuerza el valor de la persistencia.

En resumen, mantener la pasión sin sucumbir al agotamiento es un delicado equilibrio que requiere acciones intencionadas y un enfoque consciente. Al alimentar la pasión con objetivos alineados, delegar sabiamente e integrar el autocuidado en los hábitos diarios, los empresarios pueden recorrer este difícil camino con resiliencia y entusiasmo sostenido. Es esta mezcla de gestión estratégica y bienestar personal la que no sólo protege tu pasión, sino que permite que florezca a largo plazo.

Cuidado personal.

# Capítulo 10:
## Liderazgo y enfoques de gestión

El liderazgo en el cambiante panorama laboral actual requiere un delicado equilibrio entre guiar a los equipos hacia la consecución de los objetivos de la organización y fomentar un entorno en el que los empleados se sientan apoyados y valorados. Los directivos y líderes están cada vez más llamados a adoptar enfoques que no sólo den prioridad a la productividad, sino que también tengan en cuenta el bienestar y el equilibrio entre la vida laboral y personal de sus equipos. Los líderes de éxito aprovechan la empatía y la comunicación abierta, fomentando una cultura de confianza y flexibilidad. Esto permite a los empleados prosperar y ser más resistentes ante los retos. Las políticas que apoyan la salud mental y ofrecen flexibilidad -como las opciones de trabajo a distancia y los días de salud mental- son herramientas cruciales para el liderazgo moderno. Los enfoques de gestión progresistas reconocen que cuando los empleados reciben un apoyo integral, no sólo son más productivos, sino que están más comprometidos y son más leales. La creación de un entorno de trabajo en el que se celebre el equilibrio en lugar de sacrificarlo requiere un liderazgo intencionado centrado en el bienestar a largo plazo, que garantice que nadie tenga que elegir entre su vida personal y sus logros profesionales.

### Estrategias de liderazgo para el equilibrio de los equipos

En el cambiante panorama de los entornos de trabajo remotos e híbridos, lograr el equilibrio de los equipos se ha convertido rápidamente en un punto central para los líderes. En nuestra búsqueda por entender cómo los líderes pueden gestionar eficazmente la diversidad en los estilos de trabajo, es crucial reconocer primero los retos únicos a los que se enfrentan los equipos en esta nueva era. Los líderes deben compaginar las exigencias de productividad con el fomento de un ambiente de apoyo e integración en el que todos los miembros del equipo se sientan valorados y comprometidos. La integración de los principios de conciliación de la vida laboral y familiar en la gestión de equipos ofrece una vía no sólo para mejorar la satisfacción de los empleados, sino también para reforzar el rendimiento del equipo.

La piedra angular para lograr el equilibrio del equipo radica en la capacidad del líder para definir y comunicar claramente los objetivos del equipo, teniendo en cuenta al mismo tiempo las responsabilidades y circunstancias individuales. Los líderes deben embarcarse en este viaje estableciendo objetivos claros pero flexibles que permitan a los miembros del equipo alinear a la perfección las ambiciones personales y profesionales. Esta combinación de estructura y flexibilidad puede iniciarse mediante reuniones periódicas del equipo en las que los objetivos se debatan abiertamente y se tengan en cuenta las aportaciones de todos. Al fomentar un entorno así, los líderes mitigan las tensiones que suelen surgir cuando las prioridades empresariales chocan con los compromisos personales.

Otra estrategia clave es cultivar una cultura de apertura y confianza dentro del equipo. Los líderes que fomentan la autenticidad ayudan a crear un entorno en el que los miembros del equipo se sienten cómodos compartiendo los retos personales que puedan afectar a su trabajo. Al escuchar activamente y abordar estas preocupaciones, los líderes contribuyen al desarrollo de sólidos sistemas de apoyo que mejoran la dinámica del equipo. Además, fomentar la confianza implica demostrar fiabilidad y apertura a los comentarios, lo que puede reducir significativamente el estrés y promover un equilibrio saludable entre la vida laboral y personal de todos los implicados.

El empoderamiento es otro componente significativo. Cuando los líderes delegan responsabilidades de forma eficaz, no sólo distribuyen la carga de trabajo de forma equitativa, sino que también capacitan a los miembros del equipo para asumir sus funciones. Este empoderamiento puede lograrse identificando los puntos fuertes individuales y alineándolos con las tareas del equipo, dando a los empleados la oportunidad de brillar en sus áreas de especialización. La confianza aumenta cuando se confía a los empleados sus responsabilidades, lo que conduce a una mayor satisfacción laboral y a una reducción del agotamiento.

La comunicación eficaz desempeña un papel fundamental en el mantenimiento del equilibrio del equipo. Una comunicación clara y oportuna ayuda a evitar malentendidos y garantiza que todo el mundo esté de acuerdo con las expectativas y los plazos. Los líderes pueden crear varios canales de comunicación, como reuniones semanales, chats de grupo o plataformas colaborativas como Slack o Microsoft Teams. El uso eficaz de estas herramientas garantiza que los miembros del equipo puedan compartir actualizaciones o preocupaciones sin retrasos innecesarios.

Los líderes también deben centrarse en el desarrollo de la inteligencia emocional. Comprender y gestionar las emociones propias, así como las de los demás, puede mejorar drásticamente las interacciones interpersonales dentro del equipo. Un líder que demuestre empatía puede reconocer los estados emocionales de los miembros del equipo y ajustar las estrategias en consecuencia. Por ejemplo, reconocer las presiones adicionales a las que puede estar sometido un empleado puede contribuir en gran medida a mostrar apoyo y fomentar la confianza en la dinámica del equipo.

Fomentar el desarrollo profesional continuo y el crecimiento personal también es fundamental para mantener el equilibrio del equipo. Los líderes deben crear oportunidades para que los miembros del equipo participen en programas de formación, talleres o tutorías que se ajusten a sus aspiraciones profesionales. Estas iniciativas no sólo mejoran las habilidades, sino que también comunican a los miembros del equipo que se valora su crecimiento y bienestar. Esto puede traducirse en mayores niveles de motivación, y los miembros del equipo se sentirán más comprometidos y entusiasmados con sus funciones.

Otra estrategia a tener en cuenta es reconocer y celebrar los éxitos, tanto los grandes como los pequeños. Ya se trate de cumplir el plazo de un proyecto o de lograr un hito importante, reconocer estos esfuerzos puede elevar la moral y fomentar la sensación de logro. Las celebraciones pueden ir desde un simple grito durante una reunión hasta la organización de reuniones virtuales o físicas para señalar los logros más importantes. El reconocimiento del trabajo duro refuerza el comportamiento positivo y motiva a los demás a esforzarse por alcanzar la excelencia. Al centrarse en los resultados, los líderes permiten a los miembros del equipo gestionar su tiempo de forma eficiente, lo que se traduce en menos estrés y jornadas laborales más equilibradas. Los horarios flexibles, por ejemplo, pueden ser una buena forma de respetar el tiempo personal de los empleados, pero sin dejar de esperar que cumplan los plazos de forma coherente. Esto demuestra una comprensión de los diversos ritmos de trabajo y circunstancias personales.

Por último, los líderes deben recordar la importancia de modelar ellos mismos el equilibrio entre la vida laboral y personal. Al dar ejemplo priorizando el autocuidado y el tiempo personal, los líderes transmiten el mensaje de que es aceptable y necesario mantener el equilibrio. Ya se trate de no enviar correos electrónicos fuera del horario de trabajo o de tomarse permisos regulares para asuntos personales, estas acciones son elocuentes y animan al equipo a buscar también el equilibrio.

En conclusión, las estrategias de liderazgo para lograr el equilibrio del equipo no sólo son beneficiosas para los empleados, sino que forman parte integral del fomento de un entorno de trabajo próspero en el que puedan florecer la innovación y la productividad. Mediante la adopción de estas estrategias, los líderes pueden navegar por las complejidades de los entornos de trabajo modernos con agilidad, asegurando que el equilibrio entre la vida laboral y personal se logra no a expensas del rendimiento, sino para mejorarlo y sostenerlo.

## Implantación de políticas de apoyo a los empleados

En el cambiante panorama de la integración del trabajo y la vida personal, la implantación de políticas de apoyo a los empleados no es sólo una estrategia de gestión; es una necesidad. Las organizaciones que dan prioridad a estas políticas crean un entorno en el que los empleados se sienten valorados y apoyados, lo que conduce a una mayor productividad y bienestar. La dirección de una empresa desempeña un papel fundamental en esta aplicación. Al comprender las necesidades de su plantilla, los directivos pueden diseñar políticas que no sólo sean prácticas, sino también beneficiosas para promover un equilibrio saludable entre la vida laboral y personal.

Las políticas de apoyo a los empleados deben basarse en la flexibilidad. En el vertiginoso mundo actual, el enfoque de "talla única" está anticuado. Los trabajadores prosperan en entornos que se adaptan a sus necesidades individuales, ya sean padres primerizos, trabajadores a distancia o alguien que se está recuperando de un agotamiento. Permitir horarios de trabajo flexibles o la opción de teletrabajar puede reducir enormemente el estrés, haciendo que los empleados sientan que controlan su vida laboral y personal. Cuando los empleados tienen autonomía para ajustar sus horarios, es más probable que estén comprometidos con su trabajo.

Otro aspecto clave de las políticas de apoyo es la promoción de la salud mental. A medida que aumentan los niveles de estrés, las empresas deben ser proactivas a la hora de proporcionar recursos que apoyen el bienestar mental. Las empresas pueden considerar la posibilidad de ofrecer servicios de asesoramiento, talleres de gestión del estrés o programas de atención plena. Crear una cultura en la que se hable abiertamente de la salud mental anima a los empleados a buscar ayuda cuando la necesiten sin miedo al estigma.

El bienestar financiero también debe abordarse dentro de las políticas de apoyo a los empleados. El estrés financiero puede ser una carga significativa para los empleados, afectando a su productividad y concentración. La puesta en marcha de programas como talleres de educación financiera, planificación de la jubilación y asistencia para préstamos estudiantiles puede ayudar a los empleados a hacerse cargo de su salud financiera. Estas iniciativas reflejan el compromiso de una organización con el bienestar integral de sus empleados.

Ofrecer oportunidades de desarrollo profesional puede ser increíblemente motivador y gratificante para los empleados. Ya sea a través de programas de tutoría, formación en liderazgo o ayudas para la matrícula, invertir en el crecimiento de los empleados demuestra que la empresa valora no sólo sus contribuciones actuales, sino también su potencial futuro.

Promover el equilibrio entre la vida laboral y personal también consiste en crear una cultura en la que se fomente el tiempo libre. Las políticas que proporcionan tiempo libre remunerado adecuado (PTO), permiso parental, o incluso años sabáticos pueden prevenir el agotamiento de los empleados. Es fundamental crear un entorno en el que tomarse vacaciones se considere un derecho, no un tabú. Cuando

## Armonía al alcance de la mano

los líderes dan ejemplo de este comportamiento tomándose ellos mismos tiempo libre, transmiten el mensaje de que el descanso y el rejuvenecimiento son componentes esenciales de un equilibrio sostenible entre la vida laboral y la personal.

La comunicación es la columna vertebral de la aplicación de cualquier política de apoyo a los empleados. Los directivos deben asegurarse de que las políticas se comunican con claridad y son fáciles de entender. Deben existir canales abiertos para que los empleados expresen sus necesidades o preocupaciones sobre las políticas existentes. Los circuitos de retroalimentación son muy valiosos para introducir mejoras continuas en las políticas, garantizando que sigan siendo pertinentes y eficaces para satisfacer las necesidades cambiantes de la plantilla.

Un lugar de trabajo culturalmente diverso requiere políticas de apoyo a los empleados culturalmente sensibles. Las políticas deben ser integradoras y estar libres de prejuicios, teniendo en cuenta los diferentes orígenes culturales de los empleados. Es esencial que estas políticas no sólo se redacten de forma inclusiva, sino que también se apliquen de forma inclusiva para que todos los empleados se sientan respetados y valorados en el lugar de trabajo.

Para los padres que trabajan, las políticas que ofrecen servicios de guardería in situ, opciones de trabajo a distancia u horarios flexibles pueden hacer más llevadero el equilibrio entre el trabajo y las responsabilidades familiares. Al adaptarse a las necesidades específicas de los padres, las organizaciones pueden retener el talento valioso y reducir las tasas de rotación. Aplicar políticas favorables a la familia no sólo es beneficioso para los empleados, sino que puede aumentar la lealtad y el compromiso con la organización.

Además, como el trabajo a distancia es cada vez más común, las políticas deben adaptarse a esta realidad. Las actividades de creación de equipos virtuales, las reuniones periódicas y las herramientas de colaboración digital pueden ayudar a mantener un sentido de comunidad y garantizar que los empleados remotos se sientan tan conectados y valorados como sus homólogos de la oficina. Garantizar la igualdad entre los trabajadores remotos y los de oficina es vital para mantener la moral de la plantilla.

La piedra angular de la aplicación de cualquier política debe ser la confianza y la capacitación. Facultar a los empleados para que tomen decisiones relacionadas con su flujo de trabajo y sus necesidades personales fomenta un entorno de confianza. Cuando los empleados sienten que confían en ellos, es más probable que asuman sus funciones y responsabilidades, lo que en última instancia beneficia a la organización en su conjunto.

Por último, es importante que las empresas revisen y actualicen periódicamente sus políticas de apoyo a los empleados. El lugar de trabajo cambia constantemente y las políticas deben ser lo suficientemente ágiles como para seguir el ritmo de estos cambios. La evaluación y la adaptación continuas garantizan que las políticas sirvan al propósito previsto de ayudar a los empleados a lograr un equilibrio armonioso entre la vida laboral y personal.

Al crear un entorno de apoyo mediante políticas bien pensadas, las organizaciones no sólo mejoran la satisfacción y la productividad de los empleados, sino que también cultivan una mano de obra resistente y leal, preparada para prosperar en un entorno laboral dinámico. El papel de la dirección es decisivo a la hora de elaborar y promover estas políticas, en consonancia con el objetivo general de crear un equilibrio sostenible entre la vida laboral y personal para todos.

## Capítulo 11:
## El papel de RR.HH. en la conciliación de la vida laboral y personal

En el cambiante mundo laboral actual, los profesionales de RR.HH. se encuentran a la vanguardia en el fomento de la conciliación de la vida laboral y personal, un elemento crucial para frenar el agotamiento y mejorar la satisfacción de los empleados. No se limitan a crear políticas, sino que cultivan entornos en los que la flexibilidad y el equilibrio son más que palabras de moda: son experiencias vividas. Mediante el desarrollo estratégico de políticas de RR.HH. que den prioridad al bienestar de los empleados y fomenten un diálogo abierto sobre las necesidades personales, RR.HH. puede iniciar cambios profundos en la cultura de las organizaciones. Esto implica fomentar una atmósfera de confianza y respeto mutuo, en la que los empleados se sientan capacitados para expresar sus necesidades y reciban apoyo en lugar de resistencia. Fomentar esta cultura no sólo es beneficioso, sino que es vital para las organizaciones que desean prosperar en el panorama post-pandémico, adaptándose a configuraciones de trabajo híbridas y a las diversas expectativas de los empleados. En esencia, RR.HH. actúa como catalizador de la evolución, garantizando que la búsqueda del equilibrio se convierta en una prioridad de la organización en lugar de una batalla personal.

Equilibrio en el trabajo.

## Desarrollar políticas de RRHH para el equilibrio

Es crucial que las organizaciones reconozcan la evolución del panorama laboral y den un paso adelante con programas que promuevan realmente la armonía entre la vida laboral y personal. Los departamentos de Recursos Humanos (RRHH) actúan como arquitectos estratégicos en el diseño de políticas que no sólo apoyen a los empleados, sino que también se alineen con los objetivos más amplios de la organización. Profundicemos en el modo en que RR.HH. puede elaborar políticas que satisfagan las necesidades de una plantilla moderna y diversa.

Uno de los primeros pasos que puede dar RR.HH. es llevar a cabo evaluaciones exhaustivas de las necesidades. Mediante la participación activa de los empleados a través de encuestas, grupos de discusión o buzones de sugerencias, las empresas pueden obtener información sobre lo que realmente importa a sus empleados. Ya se trate de horarios de trabajo flexibles, recursos de salud mental o políticas de baja por paternidad, estos conocimientos guían el diseño de programas de RR.HH. de gran impacto. Está claro que un enfoque único ya no es suficiente. Una política de RR.HH. ideal reconoce que la flexibilidad es fundamental para el equilibrio entre la vida laboral y personal. Las opciones de trabajo remoto e híbrido se han convertido en algo inestimable, pero plantean retos únicos que RR.HH. debe afrontar. Las políticas deben definir claramente las expectativas, estableciendo parámetros que ayuden a gestionar el trabajo a distancia sin riesgo de agotamiento. La flexibilidad estructurada no sólo mejora la moral de los empleados, sino también la productividad general. También es fundamental animar a los directivos a confiar en sus equipos y a centrarse en los resultados más que en el número de horas trabajadas.

Además, implementar políticas que apoyen la salud mental ya no es opcional, es una necesidad. RR.HH. debe abogar por iniciativas que pongan de relieve el bienestar mental, erosionando el estigma a menudo asociado con las discusiones sobre salud mental. Proporcionar acceso a sesiones de terapia virtual, promover días de salud mental, o fomentar la participación en programas de reducción del estrés puede tener un profundo impacto en el bienestar general de los empleados. El papel de RR.HH. va más allá de la creación de políticas; también implica la creación de una red de apoyo que asegure a los empleados que su salud mental es una prioridad. Los directivos actúan como embajadores de primera línea de las políticas de RR.HH., por lo que deben estar preparados para fomentar una cultura de equilibrio en sus equipos. Los talleres de liderazgo y la formación continua pueden garantizar que los directivos sepan identificar los signos de agotamiento, ofrecer apoyo y reducir el estigma que rodea a la búsqueda de ayuda. Cuando los directivos dan ejemplo de un enfoque equilibrado, éste resuena en todo el equipo.

Una política de RR.HH. sólida también debe incluir políticas de bajas laborales completas. Los permisos parentales generosos, los permisos compasivos y los años sabáticos demuestran el compromiso de una empresa con las necesidades personales y los acontecimientos vitales de sus empleados. Estas ofertas no sólo atraen a los mejores talentos, sino que también aumentan la satisfacción de los empleados, lo que reduce la rotación. Cuando los empleados se sienten valorados y respetados por sus compromisos tanto dentro como fuera del trabajo, es más probable que se comprometan de forma significativa con sus funciones.

Equipar a la plantilla con habilidades para gestionar el equilibrio entre la vida laboral y personal es igual de importante. Los departamentos de RR.HH. pueden introducir talleres y recursos educativos que enseñen a gestionar el tiempo, a comunicarse de forma eficaz y a establecer límites. Explorar la posibilidad de colaborar con expertos en bienestar para impartir sesiones sobre mindfulness o gestión del estrés también puede beneficiar a los empleados. Cuando los empleados disponen de las herramientas necesarias para controlar su equilibrio, funcionan de forma óptima. Las políticas deben garantizar que todos los empleados, independientemente de sus circunstancias, se sientan respaldados. Esto incluye la creación de espacios para el diálogo abierto sobre los retos a los que se enfrentan los diversos empleados y la garantía de que las políticas incluyan diversas estructuras familiares, opciones de estilo de vida y necesidades personales. La inclusión permite a todos los empleados buscar el equilibrio de forma auténtica, sin miedo a ser juzgados o excluidos.

La revisión periódica de las políticas de RR.HH. es esencial. Con una dinámica de trabajo en continuo cambio, una política estancada puede provocar insatisfacción y falta de compromiso. Los ciclos regulares de retroalimentación y las métricas de rendimiento pueden ayudar a evaluar si las políticas cumplen los objetivos previstos o si es necesario recalibrarlas. Además, la comparación con las normas del sector puede proporcionar información sobre prácticas innovadoras que pueden adoptarse para seguir mejorando.

En última instancia, el éxito de estas políticas depende en gran medida de una comunicación transparente. Las organizaciones deben asegurarse de que los empleados están bien informados sobre los recursos y opciones disponibles. Un mensaje claro y coherente en todos los canales garantiza que los empleados entiendan cómo acceder a estas políticas y beneficiarse de ellas. Facilitar foros o sesiones de preguntas y respuestas donde los empleados puedan expresar sus preocupaciones o buscar aclaraciones puede mejorar aún más esta transparencia.

Para concluir, el desarrollo de políticas de RR.HH. para el equilibrio es una tarea delicada que requiere un enfoque empático y basado en datos. Con la base adecuada, RRHH puede fomentar un entorno que no sólo promueva la productividad y el éxito de la organización, sino que también priorice el bienestar de su mayor activo: su gente. Al final, la creación de una cultura de conciliación armoniosa sienta las bases para una fuerza de trabajo próspera, resistente y preparada para hacer frente a los retos de un panorama laboral en constante cambio.

La conciliación de la vida laboral y familiar es una de las prioridades de la empresa.

## Incentivar el cambio de la cultura organizativa

La cultura organizativa desempeña un papel fundamental en la forma en que los empleados experimentan el equilibrio entre la vida laboral y personal. Es como la mano invisible que guía el comportamiento y marca la pauta de lo que es aceptable en un lugar de trabajo. Para los profesionales de RR.HH. que desean fomentar una cultura que favorezca la conciliación de la vida laboral y familiar, la tarea comienza con una comprensión clara de lo que realmente implica la cultura. Se trata de los valores compartidos, creencias y suposiciones que unen a los miembros de una organización, un ethos colectivo que influye en todo, desde las decisiones importantes hasta las interacciones cotidianas.

Para fomentar realmente el cambio de la cultura organizativa, RR.HH. debe comenzar por evaluar la cultura actual. Esto implica recopilar información sobre lo que los empleados creen que representa la organización e identificar cualquier brecha entre los valores declarados de la empresa y las experiencias vividas por su gente. Las encuestas, los grupos de discusión y las conversaciones individuales pueden ofrecer a RR.HH. una visión auténtica del clima actual y ayudar a identificar las áreas en las que las iniciativas de conciliación se alinean o divergen de las normas culturales existentes.

Una vez que se tiene una imagen clara de la cultura existente, el siguiente paso es imaginar cómo debería ser una cultura equilibrada. Esta visión debe alinearse con los objetivos y valores de la organización, al tiempo que promueve el bienestar de los empleados. Requiere un cambio estratégico que reconozca las diversas necesidades de la plantilla, ya incluyan horarios flexibles para los padres que trabajan u oportunidades de trabajo a distancia para reducir el estrés de los desplazamientos. El objetivo es crear un entorno en el que el equilibrio no sólo se fomente, sino que esté arraigado en el tejido de las operaciones diarias.

Los profesionales de RR.HH. deben predicar con el ejemplo. El respaldo del liderazgo es crucial para que las iniciativas culturales arraiguen. Cuando los líderes modelan comportamientos que apoyan el equilibrio entre la vida laboral y personal, envían un poderoso mensaje de que estas prácticas se valoran y no son sólo una moda pasajera. Piense en los directivos que se muestran abiertos a los horarios flexibles o que se toman ellos mismos días de descanso por motivos de salud mental. Sus acciones proporcionan a los empleados un permiso tácito para hacer lo mismo, lo que tiene un impacto significativo en la cultura de la organización.

La formación y el desarrollo también son canales vitales para iniciar el cambio de cultura. Al ofrecer talleres centrados en el desarrollo de habilidades como la gestión del tiempo, la reducción del estrés y la comunicación eficaz, RR.HH. puede capacitar a los empleados de todos los niveles para que tomen decisiones que favorezcan el equilibrio. Estas oportunidades educativas deberían ser continuas y no eventos puntuales, reflejando la naturaleza continua de la evolución cultural.

Sin embargo, fomentar este cambio no está exento de desafíos. La resistencia es una reacción natural, sobre todo cuando implica alterar normas y rutinas establecidas. Los empleados y directivos pueden mostrarse inicialmente escépticos o cautelosos ante la nueva dirección. Es esencial que RR.HH. aborde estas preocupaciones directamente, proporcionando una comunicación clara sobre los beneficios de una cultura equilibrada y un apoyo coherente a lo largo del proceso de transición.

Los mecanismos de retroalimentación son herramientas cruciales durante esta transformación. Establecer canales para que los empleados compartan sus experiencias -ya sean éxitos o dificultades- garantiza que las nuevas iniciativas culturales se supervisen, evalúen y perfeccionen en tiempo real. RR.HH. puede facilitar foros de conversación, encuestas periódicas o buzones de sugerencias que fomenten la franqueza. Este diálogo ayuda a mantener el impulso y a ajustar las estrategias para satisfacer mejor las necesidades de la plantilla.

Una de las principales bases de un cambio cultural eficaz es la alineación de políticas y prácticas. No basta con hablar, las empresas deben hacer lo que hacen. Esto significa revisar las políticas para asegurarse de que reflejan y refuerzan los cambios culturales en curso. Los acuerdos de trabajo flexibles, los programas de bienestar integrales y las políticas que desalientan el exceso de trabajo, como los toques de queda tecnológicos, deben integrarse cuidadosamente en el marco organizativo.

Además, los sistemas de reconocimiento y recompensa deben adaptarse para reforzar la cultura deseada. Es posible que haya que replantearse las métricas tradicionales del éxito, como las largas horas de trabajo o las respuestas rápidas. En su lugar, la celebración de los logros que se ajusten a la armonía entre la vida laboral y personal, como la finalización con éxito de un proyecto dentro del horario establecido o la resolución creativa de problemas en equipo, reafirma el valor del equilibrio. Estas iniciativas de reconocimiento pueden hacerse públicas, por ejemplo en boletines informativos o reuniones de equipo, para aumentar su visibilidad e impacto.

En última instancia, se trata de crear una cultura resistente que sea capaz de adaptarse con el tiempo. A medida que evolucionan las necesidades y expectativas de los trabajadores, también debe hacerlo el enfoque de la empresa para apoyar a su personal. Las evaluaciones y los ajustes periódicos de la cultura no sólo son beneficiosos, sino que son necesarios para garantizar que los valores fundamentales de la empresa sigan alineados con el bienestar de los empleados. Este enfoque dinámico puede ayudar a mantener una plantilla fuerte, comprometida y leal, lo que es esencial tanto para el éxito de la organización como para la satisfacción de los empleados.

En conclusión, fomentar el cambio de la cultura organizativa hacia una mejor armonía entre la vida laboral y personal implica una estrategia dedicada y polifacética. Evaluando las normas actuales, imaginando un futuro equilibrado, predicando con el ejemplo, invirtiendo en formación, escuchando y respondiendo a los comentarios, y alineando las políticas y prácticas con estos cambios, los profesionales de RRHH pueden conducir a sus organizaciones hacia una nueva era en la que el trabajo complemente la vida en lugar de competir con ella. Este cambio no sólo beneficia a los empleados, sino que mejora la productividad, el compromiso y la retención, contribuyendo en última instancia al éxito global de la organización.

# Capítulo 12:
## Crecimiento personal y autocuidado

A medida que nos adentramos en el cambiante panorama del trabajo y la vida personal, el enfoque en el crecimiento personal y el autocuidado se vuelve más vital que nunca. En este capítulo, nos sumergimos en cómo dar prioridad a nuestro propio desarrollo y bienestar puede actuar como piedra angular para lograr el equilibrio a largo plazo. Abrazar el aprendizaje continuo no consiste sólo en adquirir nuevas habilidades, sino también en ampliar nuestra mentalidad, abriendo puertas que nunca creímos posibles. Al mismo tiempo, el autocuidado es un esfuerzo consciente por reconocer y alimentar nuestras propias necesidades; no se trata de caprichos fugaces, sino de establecer hábitos sostenibles que vigoricen tanto la mente como el cuerpo. Desde las prácticas de atención plena hasta reservar tiempo para los proyectos que nos apasionan, estos actos de autopreservación fomentan la resistencia y la adaptabilidad. Mediante la integración consciente de estas prácticas, las personas pueden navegar mejor por el dinámico mundo pospandémico, allanando el camino para una combinación armoniosa de éxito profesional y realización personal.

La crisis económica y el cambio climático son dos factores clave para el desarrollo sostenible.

### Priorizar el crecimiento personal

En el paisaje en constante evolución del trabajo y la vida, la idea del crecimiento personal no es sólo una opción; es una necesidad. Como trabajadores a distancia, empresarios y padres que trabajan, nos encontramos navegando por un mundo en el que los límites se difuminan y las exigencias se intensifican. Dar prioridad al crecimiento personal en medio de estos retos requiere un enfoque deliberado, uno que se vuelve hacia el interior, incluso cuando el mundo exterior exige nuestra atención constante.

El crecimiento personal es, en esencia, convertirse en la mejor versión de uno mismo. Se trata de mejorar tus habilidades, ampliar tus conocimientos y cultivar cualidades que no sólo mejoren tu vida profesional, sino que también enriquezcan tu bienestar personal. En el vertiginoso entorno actual, este viaje no es lineal; es un camino polifacético que requiere intención y atención plena.

¿Por qué, entonces, es tan crucial el crecimiento personal? En primer lugar, nos dota de la resiliencia necesaria para afrontar imprevistos. En un mundo post-pandémico en el que el modelo de trabajo tradicional está cambiando constantemente, la capacidad de adaptarse rápidamente tiene un valor incalculable. Las habilidades que nos empujan fuera de nuestra zona de confort fomentan esta adaptabilidad. Además, comprometerse con el desarrollo personal puede aumentar la satisfacción laboral. Cuando trabajamos activamente para mejorarnos a nosotros mismos, ese esfuerzo se traduce a menudo en una mayor sensación de realización en nuestras funciones.

Pero el crecimiento personal no consiste sólo en adquirir nuevas habilidades o incluso en ascender en la escala corporativa. Es profundamente personal e incorpora todas las facetas de nuestra vida, incluida la salud mental y emocional. Dado que los límites entre el trabajo y la vida siguen difuminándose, la inteligencia emocional se convierte en algo primordial. Saber gestionar las emociones -tanto las propias como las de los demás- nos ayuda a mantener unas relaciones más sanas, una mejor comunicación y una mayor empatía, todo lo cual es vital en entornos de trabajo remotos e híbridos.

Un aspecto importante de la promoción del crecimiento personal es la voluntad de fijarse objetivos. Las metas actúan como una hoja de ruta, guiándonos hacia objetivos específicos y proporcionándonos un sentido de dirección. Estos objetivos deben ser diversos y abarcar aspiraciones profesionales, ambiciones personales e incluso objetivos relacionados con la salud. Lograr un equilibrio entre ellos es esencial para garantizar que el crecimiento personal no se inclina a favor de un área en particular.

Para los trabajadores a distancia y los emprendedores, la gestión del tiempo y la autodisciplina son habilidades esenciales que hay que cultivar. La flexibilidad que ofrece el trabajo a distancia, aunque beneficiosa, puede llevar a la procrastinación sin un enfoque disciplinado. Poner en práctica estrategias como el bloqueo del tiempo o la Técnica Pomodoro puede ayudar a mantener la concentración y la productividad al tiempo que se dedica tiempo a actividades de desarrollo personal.

Incorporar la retroalimentación es otra práctica importante. Hay que buscar activamente la crítica constructiva y recibirla con los brazos abiertos, no sólo de los compañeros, sino también de los mentores. La retroalimentación proporciona información sobre las áreas que necesitan mejorar y pone de relieve los puntos fuertes sobre los que construir. Este bucle continuo de retroalimentación y mejora es un componente esencial del crecimiento personal. Fomenta una mentalidad de aprendizaje permanente y nos anima a experimentar y disfrutar de actividades que podrían parecer ajenas a nuestro ámbito profesional, como aprender un nuevo idioma, dedicarnos a una afición o explorar distintas culturas. Cada experiencia enriquece nuestras perspectivas y mejora nuestra capacidad de adaptación y de resolución de problemas.

Las prácticas de atención plena, como la meditación o el yoga, pueden apuntalar el crecimiento personal. Nos enseñan a permanecer presentes y conscientes, lo que ayuda a controlar el estrés y a mantener la mente en calma. La práctica regular de la atención plena puede mejorar la concentración, la creatividad y la capacidad de recuperación, atributos vitales para cualquiera que se esfuerce por crecer. Crecer no siempre significa actuar; a veces, se trata de hacer una pausa. Reflexiona sobre las experiencias, evalúa los logros en relación con los objetivos y recalibra cuando sea necesario. Esa pausa reflexiva es tan importante como el movimiento hacia delante en el viaje de crecimiento, ya que garantiza que los cambios se alinean con nuestros valores fundamentales y nuestra visión a largo plazo.

Priorizar el crecimiento personal no es una tarea puntual, sino un viaje continuo. Exige un compromiso diario, un equilibrio entre el esfuerzo y la reflexión, y una mezcla armoniosa de acción y descanso. Al tejer el crecimiento en el tejido de nuestra vida cotidiana, no sólo nos beneficiamos profesionalmente, sino que realmente prosperamos como personas.

Crecimiento personal.

## Prácticas de autocuidado para un equilibrio a largo plazo

El equilibrio a largo plazo en nuestras aceleradas vidas depende de unas prácticas de autocuidado coherentes que estén en consonancia con nuestras aspiraciones personales y profesionales. Es esencial crear una rutina flexible y sostenible que se adapte a la naturaleza impredecible de los entornos de trabajo modernos. Combinando actividades físicas con momentos de atención plena, las personas pueden cuidar su salud mental y emocional. El ejercicio regular, aunque sea breve, aumenta la energía y la concentración, mientras que prácticas como la meditación y la escritura de un diario aportan claridad y calma en medio del caos.

## Armonía al alcance de la mano

Cultivar una comunidad de apoyo, tanto online como offline, mejora la resistencia y la motivación, ofreciendo un espacio seguro para intercambiar ideas y ánimos. Dar prioridad al sueño, la hidratación y la nutrición sienta las bases de la vitalidad, permitiendo una respuesta sólida a los retos diarios. En última instancia, la integración de estos rituales de autocuidado en nuestra vida cotidiana no sólo fomenta el bienestar, sino que se convierte en una fuente de fuerza e inspiración, fomentando la creatividad y la perseverancia a medida que navegamos por las demandas en constante evolución de nuestros espacios personales y profesionales.

**Solicitud de reseña en línea para este libro** Le agradeceríamos que dedicara un momento a compartir su opinión sobre cómo "Prácticas de autocuidado para un equilibrio a largo plazo" ha enriquecido su viaje hacia la consecución de una combinación armoniosa de trabajo y vida personal, ayudando a otros a descubrir las ideas transformadoras que contiene.

## Conclusión

Al navegar por el laberinto de los entornos de trabajo modernos, lograr un equilibrio armonioso entre la vida laboral y personal se ha convertido en algo más que una aspiración: es una necesidad. El viaje que hemos emprendido en este libro no ha consistido sólo en identificar los retos, sino también en descubrir estrategias prácticas que se adapten a las distintas funciones y situaciones. Tanto si eres un trabajador remoto que se adapta a una oficina descentralizada, como si eres un padre con múltiples responsabilidades, un emprendedor impulsado por la pasión o un líder que fomenta el apoyo del equipo, los principios que aquí se describen pretenden enriquecer tu ámbito profesional y personal.

A modo de conclusión, es fundamental reconocer que el equilibrio entre la vida laboral y personal no es un concepto único; se trata de un viaje muy personal definido por las necesidades y circunstancias individuales. Abrazar esta diversidad significa reconocer tu camino único. Al comprender los ideales básicos del equilibrio entre la vida laboral y personal, tal y como se han tratado en los capítulos iniciales, estarás mejor preparado para diseñar un estilo de vida que armonice tus obligaciones laborales con tus aspiraciones personales. La importancia de este equilibrio va más allá del bienestar personal e influye en la salud de la organización y en las normas sociales.

La pandemia empujó a muchos al mundo del trabajo a distancia, modificando para siempre los confines de la oficina tradicional. Con este cambio, establecer límites nunca ha sido tan pertinente. El ritmo entre las obligaciones laborales y las demás facetas de la vida requiere una delineación meditada. Establecer límites firmes no es restringir, sino dar libertad. Saber cuándo cerrar el portátil o hacer una pausa consciente puede aumentar la productividad y las reservas emocionales. Por ello, es fundamental comunicar los límites con claridad, para garantizar el respeto mutuo en las relaciones profesionales.

Huelga decir que el estrés sigue siendo un compañero inevitable en el acelerado mundo actual. Sin embargo, podemos identificarlo y gestionarlo. Las técnicas prácticas para reducir el estrés de las que hemos hablado antes, como las prácticas de atención plena y la gestión eficaz del tiempo, se convierten en herramientas indispensables. Estas técnicas de gestión del estrés no sólo sirven como remedios, sino como medidas preventivas. Ponerlas en práctica de forma proactiva puede ayudar a evitar el agotamiento, fomentando la resiliencia y el vigor.

En medio de estas estrategias, el papel de la tecnología es un arma de doble filo. Por un lado, ofrece herramientas extraordinarias para mejorar la eficiencia y mantener las conexiones; por otro, puede llevar al agotamiento si no se gestiona con sensatez. Aprovechar la tecnología para mantener el equilibrio implica tomar decisiones conscientes sobre su uso, trazando líneas claras entre el compromiso digital y la retirada. De este modo, puede proteger su ancho de banda mental y centrarse en lo que realmente importa.

Es esencial destacar los desafíos únicos a los que se enfrentan los padres que trabajan, que equilibran las expectativas profesionales con las exigencias de la crianza de los hijos. Esta doble responsabilidad puede resultar abrumadora si no se cuenta con los sistemas de apoyo adecuados. Resulta alentador que, como se explica en el libro, existan soluciones a través de acuerdos laborales flexibles y el apoyo de la comunidad. Estos recursos permiten a los padres desempeñar eficazmente sus funciones familiares y profesionales.

Los empresarios y líderes, por su parte, se enfrentan al reto de mantener la pasión sin sucumbir al agotamiento. En este caso, mantener el equilibrio se convierte en una prioridad estratégica para el éxito a largo plazo. Para los empresarios, esto significa infundir pasión con prudencia, evitando la trampa del exceso de compromiso. Los líderes, por su parte, deben defender un entorno que favorezca el equilibrio entre la vida laboral y personal de sus equipos mediante un liderazgo ejemplar y políticas de gestión empáticas.

Los profesionales de Recursos Humanos (RRHH) desempeñan un papel fundamental en la configuración de una cultura organizativa que dé prioridad al equilibrio. Las políticas y prácticas que aplican sirven de andamiaje para el bienestar de los empleados. La postura proactiva de RR.HH. a la hora de fomentar esta cultura a través de políticas de apoyo y diálogo conduce a lugares de trabajo más saludables y a mayores niveles de satisfacción de los empleados.

Por último, en el centro del mantenimiento del equilibrio se encuentra el crecimiento personal y el autocuidado. Invertir en uno mismo, dar prioridad al crecimiento y adoptar rituales de autocuidado ofrecen profundos beneficios. El autoconocimiento permite tomar decisiones más informadas que se ajustan a los objetivos de equilibrio a largo plazo. Dar prioridad a estos aspectos garantiza estar preparado no sólo para los retos profesionales, sino también para los giros impredecibles de la vida.

Como conclusión de esta exploración, es evidente que el equilibrio entre la vida laboral y personal no es simplemente un punto final, sino un proceso dinámico y continuo. Se trata de adaptación continua, elecciones conscientes y acción personal. Deja que este viaje te sirva de guía, pero recuerda que el camino es tuyo. A medida que elabore su narrativa, que el equilibrio sea su aliado y le guíe hacia una vida plena y feliz.

# Apéndice A:
## Recursos y lecturas complementarias

Al embarcarse en el viaje hacia la consecución de un equilibrio satisfactorio entre la vida laboral y personal, es esencial disponer de una cartera de recursos. La siguiente lista está pensada para proporcionarle más información y estrategias prácticas que complementen los temas tratados en este libro. Estos recursos incluyen libros, artículos, podcasts y sitios web que han sido influyentes en el ámbito del equilibrio entre las aspiraciones profesionales y el bienestar personal. Están dirigidos a trabajadores remotos, empresarios, padres que trabajan, directivos, profesionales de recursos humanos y cualquier persona que busque prosperar en el dinámico entorno laboral actual.

### Libros

- **"La semana laboral de 4 horas" de Timothy Ferriss** - Ofrece estrategias poco convencionales para racionalizar el trabajo y crear más tiempo para los placeres de la vida.

- **"Atrévete a liderar" de Brené Brown** - Explora el poder de la vulnerabilidad en el liderazgo y cómo contribuye a crear un espacio de trabajo equilibrado y valiente.

- **"Esencialismo: The Disciplined Pursuit of Less" de Greg McKeown** - Se centra en discernir qué es esencial y eliminar el resto para lograr una vida más equilibrada y significativa.

## Artículos

- **"Why Remote Work Thrives in Some Companies and Fails in Others" de Ryan Holmes** - Este artículo examina los componentes críticos que hacen que el trabajo remoto tenga éxito.
- **"The Futility of Chasing Work-Life Balance" de HBR** - Analiza cómo perseguir el equilibrio perfecto puede ser menos eficaz que integrar el trabajo y la vida de forma estratégica.

## Podcasts

- **"WorkLife with Adam Grant"** - Ofrece ideas para que el trabajo no apeste, explorando temas que importan tanto a trabajadores remotos como a emprendedores.
- **"The Tim Ferriss Show"** - Presenta a diversos invitados y sus estrategias para el equilibrio, la productividad y el bienestar.

## Sitios web y recursos en línea

- **Mind Tools - Stress Management** - Proporciona herramientas y recursos para gestionar el estrés de forma eficaz en diversos escenarios laborales.
- **Remote.co** - Una gran cantidad de artículos y consejos dirigidos específicamente a trabajadores remotos y empresas en transición hacia el trabajo remoto.

## Aplicaciones para el bienestar

- **Headspace** - Una aplicación de meditación fácil de usar perfecta para integrar la relajación en las rutinas diarias.
- **Todoist** - Una excelente herramienta para la gestión de tareas que puede ayudarte a distribuir el tiempo de forma eficiente y priorizar el bienestar personal.

## Armonía al alcance de la mano

Aunque la tecnología y las soluciones modernas presentan oportunidades para mantener el equilibrio, es crucial recordar la importancia de la reflexión personal y el autocuidado. Mientras exploras estos recursos, permítete ajustar y adaptar las estrategias a tu estilo de vida y objetivos particulares. Recuerda que el camino hacia el equilibrio entre la vida laboral y personal es personal, y que lo que funciona para una persona puede no ser adecuado para otra. Siga experimentando y descubriendo lo que mejor se ajusta a sus objetivos vitales.

www.ingramcontent.com/pod-product-compliance
Lightning Source LLC
Chambersburg PA
CBHW060619080526
44585CB00013B/899